CLV

C. H. Spurgeon

Es sind nicht alle Jäger, die das Horn blasen

clv

Christliche Literatur-Verbreitung e.V.
Ravensberger Bleiche 6 · 33649 Bielefeld

Die Bibelzitate sind der Elberfelder Übersetzung 2003,
Edition CSV Hückeswagen, entnommen.

Abkürzung
A. d. H.:
Anmerkung des Herausgebers

Überarbeitete Auflage 2016

Christliche Literatur-Verbreitung
Ravensberger Bleiche 6 · 33649 Bielefeld
Internet: www.clv.de

Umschlag: typtop, Andreas Fett, Meinerzhagen
Satz: EDV- und Typoservice Dörwald, Steinhagen
Druck und Bindung: GGP Media GmbH, Pößneck

Bestell-Nr. 256333
ISBN 978-3-86699-333-4

Inhalt

Wenn die Kappe passt, so trage sie

Freundliche Leser!

Als ich das letzte Mal ein ähnliches Buch schrieb, trat ich einigen Leuten auf die Hühneraugen und Ballen, und die schrieben mir zornige Briefe und fragten: »Meintest du mich?« Diesmal will ich ihnen die Kosten einer Postkarte ersparen und mein Buch gleich damit anfangen, dass ich sage:

Ob ich grob bin oder fein –
ehrlich sag ich, was ich mein';
passt die Kappe, tragt sie, Leut',
sonst legt ruhig sie beiseit'.

Ich sprach neulich mit Schäfer Wilm über den alten Esel unseres Herrn und sagte: »Er ist so alt und störrisch, er ist wirklich gar nicht sein Futter wert.« »Nein«, sagte Wilm, »und was noch schlimmer ist, er ist so boshaft, er wird sicher eines Tages jemandem Schaden zufügen.« – Ihr wisst, dass nach dem Sprichwort die Wände Ohren haben, aber wir sprachen laut, denn wir wussten nicht, dass Heuschober ebenfalls Ohren haben. Wir machten große Augen – das kann ich euch versichern –, als wir Klaas Krakeeler hinter dem Schober hervorkommen sahen – so rot wie ein Truthahn und sich wie toll gebärdend. Er fing an, auf mich und Wilm zu schimpfen wie eine Katze, die den Hund anfaucht. Er regte sich sehr auf, das sah man gleich. Er ließ uns wissen, dass er ebenso gut wäre wie einer von uns und wir alle beide zusammen, wenn es darauf ankäme. So über *ihn* zu sprechen! Er wolle tun – ich weiß nicht, was. Ich sagte dem alten Klaas, wir hätten gar nicht an ihn gedacht und kein Wort über ihn gesprochen, er könne ebenso gut seinen Atem sparen, um seine Suppe zu kühlen, denn niemand wolle ihm etwas zuleide tun. Dies bewirkte nur, dass er mich einen Lügner nannte und umso lauter brüllte. Mein Freund Wilm ging weg und hielt sich die Seiten, aber als er sah, dass Klaas noch immer in Wut war, lachte er laut auf, drehte sich um und sagte: »Na, Krakeeler, wir sprachen von dem alten Esel unseres Herrn und nicht von dir, aber auf mein Wort, ich werde niemals diesen Esel wieder ansehen, ohne an Klaas Krakeeler zu denken.« Klaas prustete und schnaubte, aber vielleicht schien ihm die Sache ein fataler Spaß zu sein, denn er schlich davon, und Wilm und ich gingen in sehr heiterer Laune an unsere Arbeit. Der alte Klaas war wirklich einmal in seinem Leben mit der Nase auf die Wahrheit gestoßen.

Der eben genannte Wilm hat mir manchmal mit seinen Bemerkungen ziemlich hart zugesetzt, aber es hat mir gutgetan. Zum Teil sind es seine Hiebe, die mich dazu veranlasst haben, dieses neue Buch zu schreiben, denn er meinte, ich sei träge; vielleicht bin ich es, vielleicht auch nicht. Wilm vergisst, dass ich andere Stiefel zu besohlen und andere Leisten zu überziehen habe; er denkt nicht daran, dass eines Pflügers Verstand auch brachliegen muss und nicht jedes Jahr eine Ernte hervorbringen kann. Es ist schwer, ein Tau zu flechten, wenn aller Hanf verbraucht ist, und Pfannkuchen ohne Teig oder Kükenpasteten ohne Vögel zu backen; und ich fand es schwer zu schreiben, wenn ich ungefähr alles gesagt hatte, was ich wusste. Almosengeben macht reich, aber mit dem Bücherschreiben ist es anders:

Obwohl ich pumpe, will es bei mir nicht recht strömen. Wenn die Gedanken nur tropfenweise fließen, kann man sie nicht eimerweise ausgießen.

Indessen hat Wilm mir auf die Sprünge geholfen, und ich bin ihm dankbar dafür. Ich sagte ihm neulich, was die Schnecke zur Nadel sagte: »Dank dir, dass du mich herausgezogen hast – wenn du dabei nur nicht so spitz wärest.« Doch Meister Wilm hat nicht eben weit vom Ziel getroffen; nachdem dreihunderttausend Leute mein Buch gekauft hatten, war es sicher Zeit, ein neues zu schreiben. Und so will ich, obgleich ich kein Hutmacher bin, doch ein Kappenmacher werden, und Leute mit Köpfen mögen meine Ware probieren; Kopflose werden sie nicht anrühren.

So, meine Freunde, bin ich
Euer derber und dienstbeflissener
Hans Pflüger

Wenn man ein Licht an beiden Enden anzündet, so wird es bald verbrannt sein

Wohl mag der sich den Kopf kratzen, der sein Licht an beiden Enden anzündet; aber mag er tun, was er will, sein Licht wird bald erloschen sein, und er wird im Dunkeln sitzen. Der junge Jakob Ohnesorge vergeudete sein Vermögen, und nun hat er keine Stiefel an den Füßen. Bei ihm hieß es: »Leicht erworben, schnell verdorben; wie gewonnen, so zerronnen!« So stand es bei

Jakob; sein Geld brannte Löcher in seine Taschen. Er konnte es allein nicht schnell genug loswerden, deshalb legte er sich eine ansehnliche Anzahl von Freunden zu, ihm zu helfen, und sie taten es, indem sie sich selbst halfen. Sein Vermögen verschwand wie ein Pfund Fleisch in einem Rudel Hunde. Er war jedermanns Freund, und nun ist er jedermanns Narr.

Er erbte das Geld des alten Senators Gierig, denn er war sein Neffe; aber – wie das Sprichwort sagt – der Prasser war der Erbe des Sammlers. Gott ist sehr gnädig gegenüber manchen von uns gewesen, indem er uns nie mit Geld überschüttete, denn die meisten Menschen können sich nicht auf den Füßen halten, wenn eine große Glückswelle sie umströmt. Viele von uns wären größere Sünder geworden, wenn uns größere Geldbeutel anvertraut worden wären.

Der alte Herr hatte sein Nest weich ausgefüttert, aber Jakob ließ die Federn herumfliegen wie Schneeflocken zur Winterszeit. Nachdem er die Zinsen vertan hatte, fing er an, das Kapital zu verschlucken, und tötete so die Gans, welche die goldenen Eier legte. Er verschwendete sein Silber und Gold auf höchst unverantwortliche Weise. Es wollte nicht schnell genug weggehen, deshalb kaufte er Rennpferde, die damit fortliefen. Er fiel in die Hände von Betrügern und geriet in Gesellschaften, von denen man nicht gern viel spricht. Nur dies sei gesagt: Wenn Damen in solchen Kreisen lächeln, dann weinen

Männertaschen; sie sind ein Brunnen ohne Boden, und je mehr ein Narr hineinwirft, desto mehr muss er nachwerfen. Die größte Schönheit verursacht oft den größten Ruin. Wein, Weib und Gesang sind genug, einen Fürsten zum Bettler zu machen.

»Trinken und trinken lassen«, war sein Wahlspruch; jeder Tag war ein Feiertag, und jeder Feiertag war ein Fest. Die besten Weine und die teuersten Leckerbissen behagten seinem Gaumen, denn er wollte das Leben eines Schweins führen, von dem gesagt wird, es sei kurz und süß. Das ist wahr, und so sank er bis zur tiefsten Tiefe hinab.

Ein fetter Tisch macht ein mageres Testament; aber er kann sein Testament auf den Nagel seines Fingers schreiben und hat noch Platz für ein Dutzend Nachträge. Ja, er wird überhaupt gar kein Testament brauchen, denn er wird nichts hinterlassen als alte Schulden. Von all seinen Gütern ist nicht genug übrig, um ihn begraben zu können. Von dem, was er in seinem Wohlstand wegwarf, hätte er bis ans Ende seines Lebens einen Rock auf dem Rücken und ein Huhn im Topf haben können; aber er sah nie weiter, als seine Nase reichte, und konnte nicht bis zum Ende derselben sehen. Er verlachte die Vorsicht, nun lacht die Vorsicht über ihn. Die Strafe ist ein hinkender Bote, aber zuletzt findet sie den Schuldigen. Er zahlt die Kosten seiner Torheit mit Leib und Seele, mit Gut und Blut, und doch ist er immer noch ein Narr und würde wieder nach derselben Pfeife tanzen, wenn er die Gelegenheit noch einmal hätte. Sein leichter Beutel bringt ihm ein schweres Herz. Wie der, welcher abends betrunken ist, morgens trocken ist, so spürt der, welcher Geld verschwendete, als er es hatte, umso mehr den Mangel, wenn es fort ist. Seine alten Freunde haben ihn im Stich gelassen; sie haben die Zitrone ausgepresst, und nun werfen sie die Schale weg. Ihr könnt ebenso gut Milch von einer Taube erwarten, wie Hilfe von einem Kameraden, der euch um der Zeche willen liebte. Zechbrüder lassen dich in der Not allein und versetzen dir einen Tritt, wenn du am Boden bist.

Dem Jakob fehlt noch viel mehr als Geld, denn sein guter Ruf ist dahin, und er ist wie eine verfaulte Nuss, nicht des Aufknackens wert. Die Nachbarn sagen, er ist ein Nichtsnutz und taugt nur noch zur Vogelscheuche. Niemand will ihn als Arbeiter haben, denn er würde sich nicht einmal sein Brot verdienen, und so geht er von Pontius zu Pilatus und hat keinen Platz, wo er sein Haupt hinlegen kann. Besser als ein goldener Gürtel ist ein guter Name, doch wenn dieser verloren ist, was bleibt dann einem Menschen noch?

Ja, was hat er noch? Nichts auf Erden! Aber der verlorene Sohn hat noch einen Vater im Himmel. Möge er sich aufmachen und zu ihm gehen – zerlumpt, wie er ist. Er mag nach dem Schweinetrog riechen, und doch darf er geradewegs nach Hause eilen; er wird die Tür nicht verschlossen finden. Der große Vater wird ihn voll Freude begrüßen, ihn küssen, all seinen Schmutz abwaschen, ihn kleiden und ihm helfen, ein neues und besseres Leben zu beginnen. Wenn es mit dem Sünder am allerärgsten steht, ist er doch nicht zu schlecht für den Heiland – vorausgesetzt, dass er sich von seinen Sünden abkehrt und zu Gott um Gnade schreit. Es ist eine lange Gasse, die keine Wendung hat, aber die beste aller Wendungen ist, sich von ganzem Herzen zum Herrn zu wenden. Der große Vater im Himmel will dem reuigen Sünder helfen, dies zu tun. Wenn die eigene Kerze ganz niedergebrannt ist, gilt: Die Sonne am Himmel scheint immer noch. Sieh, du Armer in deiner Verkommenheit, sieh auf Jesus und lebe! Seine Erlösung wird dir ohne eigenes Verdienst und umsonst zuteil. Wenn du auch keinen Pfennig hast, um dir in irdischen Dingen etwas Gutes zu tun, der Herr Jesus will dir umsonst Gutes tun. Die Tiefen deines Elends sind nicht so tief wie die Tiefen der Barmherzigkeit Gottes. Wenn du treu und ehrlich im Bekennen der Sünden bist, für die du um Vergebung bittest, so wird Gott sich als treu und wahrhaftig erweisen, indem er deine Sünden vergibt.

Doch ich bitte dich, bleibe keinen Tag länger so, wie du bist, denn der heutige Tag kann vielleicht dein letzter sein. Und wenn du nicht auf ein schlichtes Wort von Hans Pflüger hörst, das er dir zum Nutzen weitergeben will, dann denke an jenes alte Gedicht, das sich auf einem Grabstein wiederfindet:

Gold zu verliern, wiegt wahrlich schwer,
todkrank zu sein, wiegt noch viel mehr.
Wer aber Christus von sich stößt,
der bleibt auf ewig unerlöst.

Hans Bucklig sieht nicht den eigenen Buckel, sondern nur den seines Nächsten

Hans Bucklig zeigt auf den Mann vor ihm, aber sein eigener Rücken ist noch weitaus runder. Er sollte nicht über den Krummen lachen, ehe er selbst gerade ist, und selbst dann ist es ungehörig, sich über diesen lustig zu machen. Ich kann es nicht ertragen, das Krächzen eines Raben zu hören, der eine Krähe verspottet, weil sie schwarz ist. Ein Blinder sollte nicht seinen Bruder

tadeln, weil dieser schielt, und wer seine Beine verloren hat, sollte nicht über den Lahmen lachen. Aber so ist es: Der Zweig, der völlig abgestorben ist, knackt zuerst, und jener Mensch, der zuallerletzt kommen sollte, drängt sich mit seinem Lästermaul überall nach vorn.

Es schadet uns sehr, wenn wir unseren Nächsten richten, denn es schmeichelt unserer Selbstgefälligkeit, und unser Stolz wächst schnell genug, ohne dass er genährt werden muss. Wir beschuldigen andere, um uns selbst zu entschuldigen. Wir sind solche Narren, dass wir uns einbilden, wir wären besser, weil andere schlechter sind, und wir schwatzen, als wenn wir dadurch hinaufkommen könnten, dass wir andere herabziehen. Wozu nützt es, Löcher in den Röcken anderer Leute ausfindig zu machen, wenn wir sie nicht flicken können? Schwatzt von meinen Schulden, wenn ihr sie bezahlen wollt. Die Fehler eines Freundes sollte man nicht bekannt machen und selbst die eines Fremden nicht an die Öffentlichkeit ziehen. Gewöhnt euch nicht an, über die Leute zu spotten, denn das Sprichwort sagt: »Scharfe Schwerter schneiden sehr, scharfe Zungen noch viel mehr.«

Es ist schade, wenn meine Freud eines anderen Leid ist. Ehe du einem anderen einen Streich spielst, solltest du bedenken, wie dieser dir gefallen würde, denn viele, die harte Schläge austeilen, haben selbst eine sehr zarte Haut. Einige Leute bewerfen andere mit Salz, aber es tut ihnen weh, wenn eine Prise davon auf ihre eigenen wunden Stellen fällt.

Wir können einen Freund tadeln und dadurch unsere Freundschaft beweisen, aber es muss sehr sanft getan werden, sonst verlieren wir unseren Freund, so sehr wir uns auch bemühen. Andere zu verachten, ist ein schlimmerer Fehler als irgendeiner, den wir vielleicht an ihnen sehen; wenn wir uns über die Schwächen lustig machen, beweisen wir unsere eigene Schwäche und unsere Bosheit obendrein. Die Schlagfertigkeit sollte ein Schild zur Verteidigung, aber nicht ein Schwert zum Angriff sein. Ein höhnendes Wort schneidet tiefer als eine Sichel, und die Wunde ist weit schwerer zu heilen. Ein Schlag ist leichter zu ertragen als Spott. Stiche, die nicht bluten, schmerzen mehr als andere. Unser Pastor sagt: »Lachen über Körperschwächen oder Leibesgebrechen ist geradezu ein Verbrechen.« Er versteht wohl dieses oder jenes und ist der Mann dazu, euch den rechten Standpunkt in dieser Sache klarzumachen.

Halte den Pflug nicht an, um eine Maus zu fangen

Es ist nicht viel Nutzen dabei. Der Mann und der Knabe und vier Pferde – sie stehen alle still wegen einer Maus? Was würde unser alter Freund Tusser[1] dazu sagen? Ich glaube, er würde ungefähr so reimen:

1 A. d. H.: Damit ist vermutlich Thomas Tusser (1524–1580) gemeint. Er war ein englischer Landwirt sowie ein Dichter und Verfasser landwirtschaftlicher Arbeiten.

Der Pflüger verdient 'nen Peitschenschlag,
der so die Zeit vergeuden mag.

Sehr viele Leute machen es so wie der Mann auf dem Bild. Sie haben ein großes Werk in den Händen, das all ihr Nachdenken erfordert, und sie verlassen es, um über irgendeine Belanglosigkeit, die keinen Deut wert ist, zu zanken.

Man muss die Hauptsache im Auge behalten, und kleine Dinge müssen ertragen werden. Niemand steckt sein Haus in Brand, um die Küchenschaben darin zu töten, und es würde nicht ratsam sein, die Ochsen zu schlachten, um die Katzen zu füttern. Wenn unser Bäcker eine Woche lang das Brotbacken einstellte, um währenddessen die Kakerlaken totzuschlagen, was hätten wir dann zum Frühstück? Wenn der Schlachter kein Fleisch verkaufte, bis er alle Schmeißfliegen vertilgt hat, dann würden wir so manchen Tag ohne Hammelbraten sein. Wenn die Wasserleitung den Großstädtern kein Wasser gäbe, bis alle Plattfische aus dem Fluss gefischt wären, wie sollten die alten Damen ihren Tee zubereiten? Es nützt nichts, mit dem Fischen aufzuhören, weil Seegras da ist, oder nicht mehr zu reiten, weil es Staub gibt.

Unser Pastor sagte neulich zu mir: »Hans, wenn Sie in den Versammlungen von einigen unserer Vereine wären, so würden Sie diese Mäusejagd in vollkommenster Weise sehen. Nicht nur Vereine, sondern ganze christliche Gemeinden sind damit beschäftigt, Mäuse zu fangen.« »Gut«, sagte ich, »Herr Pastor, schreiben Sie mir das ein bisschen auf, ich will es in mein Buch stecken, es wird Rindfleisch zu meinem Rettich sein.« Hier ist, was er geschrieben hat:

»Eine Gruppe in Ehren gehaltener, christlicher Leute spaltet sich, weil sie wegen einer Kleinigkeit oder in Ermessensfragen in Streit gerät, während ringsumher die Massen ins Verderben gehen, da ihnen das Evangelium fehlt. Eine elende kleine Maus, nach der keine Katze jagen würde, zieht sie von dem Werk Gottes ab. Wiederum verschwenden gescheite Männer Monate ihrer Zeit und viel Geld damit, um erhabenen Spekulationen nachzuhängen und sie zu veröffentlichen, während der große Acker der Welt ungepflügt liegt. Sie scheinen sich nicht darum zu kümmern, wie viele verlorengehen, solange sie nur ihre Steckenpferde reiten können. In anderen Dingen lässt man noch ein wenig gesunden Menschenverstand walten, aber in den wichtigsten Sachen wird die Torheit auf traurige Weise sichtbar. Was uns, lieber Hans, betrifft, so wollen wir eine Maus töten, wenn sie unser Brot annagt, aber nicht unser ganzes Leben damit zubringen. Was durch eine Mausefalle oder durch eine Katze getan werden kann, sollte nicht all unsere Gedanken in Anspruch nehmen.

Die armseligen Nichtigkeiten dieser Welt sind fast von derselben Art. Richten wir unser Hauptaugenmerk auf die Hauptsachen – die Ehre Gottes, das Gewinnen der Seelen für Jesus und unsere eigene Rettung. Es gibt Narren genug in der Welt, und es ist nicht nötig, dass Christen deren Zahl vermehren. Pflügen Sie weiter, lieber Hans, und ich will weiterhin predigen, und zu der von Gott bestimmten Zeit werden wir ernten, wenn wir nicht ermatten.«

Es ist schwer für einen leeren Sack, aufrecht zu stehen

Veit mag eine gute Zeit lang probieren, ehe einer von seinen leeren Säcken aufrecht stehen wird. Wenn er auch nur ein wenig Klugheit besäße, würde er mit diesen Versuchen aufgehört haben, ehe er damit angefangen hat. Sein Verstand wird ihm stillstehen, ehe der Sack stillsteht. Das Sprichwort, das in der Überschrift zu finden ist, wurde von einem Mann formuliert, der sich

seine Finger an Schuldnern verbrannt hatte[2], und es will sagen: Wenn die Leute kein Geld haben und bis über die Ohren in Schulden stecken, so hören sie oftmals auf, aufrichtig dazustehen, und straucheln in der einen oder anderen Weise. Wer nur vier hat und fünf ausgibt, wird bald keinen Geldbeutel mehr nötig haben, aber er wird wahrscheinlich seine Gerissenheit einsetzen, um sich über Wasser zu halten, und zu allerlei Kunstgriffen seine Zuflucht nehmen.

In neun von zehn Fällen fangen solche Leute damit an, dass sie versprechen, an einem gewissen Tag zu zahlen. Sie sind so zuversichtlich im Festsetzen des Termins, als wenn sie das Einkommen eines Gutsherrn hätten; der Tag kommt so gewiss wie der Weihnachtstag heran, und dann haben sie keinen einzigen Pfennig, wohl aber alle möglichen Entschuldigungen, und beginnen aufs Neue, Zusagen zu machen. Die, welche schnell dabei sind, etwas zu versprechen, sind meist langsam im Halten. Sie versprechen Berge und liefern Maulwurfshügel. Wer dich mit schönen Worten abspeist und weiter nichts zu bieten hat, füttert dich mit einem leeren Löffel, und hungrige Gläubiger haben dieses Spiel bald satt. Versprechungen füllen den Magen

2 A.d.H.: Viele Quellen geben Benjamin Franklin (1706–1790) als denjenigen an, der dieses Sprichwort erstmals erwähnte. Er war nicht nur Politiker, sondern auch Geschäftsmann, sodass ihm der Umgang mit Schuldnern vertraut war.

nicht. Menschen, die viel versprechen, liebt man nicht, wenn sie nicht auch diejenigen sind, die ihre Zusagen einhalten. Wenn solch ein Mensch ein Lügner genannt wird, meint er, ihm sei Unrecht getan worden; und doch ist er es, das ist ganz sicher. Da gibt es nichts zu leugnen – wie im Falle des fremden Jungen, den der Gartenbesitzer auf seinem eigenen Kirschbaum erwischt. Die Leute geben nicht viel darauf, dass einer Gottes Wort hält, wenn er nicht auch sein eigenes Wort hält.

Gläubiger haben ein besseres Gedächtnis als Schuldner, und wenn Geldgeber mehr als einmal getäuscht worden sind, so meinen sie, es sei nun Zeit, dass dem Fuchs das Fell abgezogen würde und sie ihren Teil davon bekämen. Auf sein Geld warten zu müssen, verbessert nicht gerade die Laune eines Menschen, und wenn man noch ein paar Lügen hinzugießt, sorgt man dafür, dass die Milch der frommen Gesinnung sauer wird. Es gibt ein altes Wort, das ein schlechter Zahler sich merken mag oder auch nicht, wie es ihm beliebt:

Wer verspricht, bis niemand ihm trauen mag,
wer lügt, bis niemand ihm glauben mag,
wer borgt, bis niemand ihm leihen mag,
der geh, wo niemand ihn kennen mag.

Hungrige Hunde fressen schmutziges Fleisch, und Leute, die in Not sind, begehen oft schmutzige Handlungen. Gelobt sei Gott, es gibt noch Tuch, das nicht zusammenschrumpft, wenn es nass wird, und noch Redlichkeit, die im Unglück Bestand hat, aber zu oft sind Schulden die schlimmste Art der Armut, weil sie Betrug hervorbringen. Die Menschen mögen ihrer Lage nicht ins Gesicht sehen und kehren darum der Wahrheit den Rücken. Sie versuchen, mit allen möglichen Kunstgriffen aus ihren Verwicklungen herauszukommen, und gleichen Hans Tölpel, der ein Groschenlicht verbrannte, um nach einem Zweipfennigstück zu suchen. Sie borgen von Peter, um Paul zu bezahlen, und dann wird Peter um den fälligen Betrag geprellt. Um nicht in einen Bach zu fallen, springen sie in einen Fluss, denn sie borgen gegen Zinsen, die sie ganz ruinieren, um diejenigen Schulden abzubezahlen, die sie hart bedrängen. Dadurch mögen sie *einen* bösen Tag hinausschieben, aber sie führen nur einen anderen herbei.

Jeder kürzere Nebenpfad lockt sie von der Hauptstraße der Ehrlichkeit, und nachher stellen sie fest, dass sie meilenweit von ihrem Weg abgekommen sind. Zuletzt gehen die Leute ihnen aus dem Weg und klagen, dass die Ehrlichkeit im geschäftlichen Umgang miteinander gestorben sei und keine Nachkommen hinterlassen habe. Wer will sich wundern? Leute, die einmal gebissen worden sind, beeilen sich nicht, ihre Finger wieder in denselben Mund zu stecken.

Ich möchte kein Wasser auf einen begossenen Pudel

schütten und über einen armen Menschen nicht hart urteilen: Wenn der Betreffende ins Unglück geraten ist und nicht zahlen kann – nun, so kann er nicht zahlen, mag er das ehrlich sagen und mit dem wenigen, was er hat, tun, was recht ist, dann werden freundliche Herzen Mitleid mit ihm haben. Ein weiser Mann tut zuerst das, was ein Tor zuletzt tut. Das Schlimmste ist: Schuldner setzen ihr Geschäft noch fort, wenn sie es ehrlicherweise längst hätten aufgeben sollen, und versuchen, sich einzureden, dass ihre große Gelegenheit noch kommen wird und sich ihre Katzen noch in Kühe verwandeln werden. Es ist schwer, seine Schulden abzutragen, wenn das Kapital verzehrt ist. Von nichts kommt nichts. Der Weg nach Babylon wird dich nie nach Jerusalem bringen, und wenn ein Mensch borgt und sich tiefer in Schulden stürzt, kommt er niemals aus seinen Schwierigkeiten heraus.

Die Welt ist eine Leiter, auf der einige Menschen hinauf- und andere hinabsteigen, aber es ist nicht nötig, auch seine Redlichkeit einzubüßen, wenn man sein Geld verliert. Manche Leute springen aus der Bratpfanne ins Feuer; aus Furcht vor Verarmung werden sie Spitzbuben. Ihr werdet finden, dass sie aalglatte Kerle sind; ihr könnt sie auf nichts festlegen; ihr denkt, ihr habt sie gefasst, aber sie sind nicht besser zu halten, als eine Katze in einer Schubkarre sitzen bleibt, wenn sich diese in Bewegung setzt. Sie täuschen euch immer und schützen dann die schlechten Zeiten oder Krankheit in ihrer Familie vor. Man kann ihnen nicht helfen, denn man kann nie wissen, wie es mit ihnen steht. Es ist immer am besten, sie bis ans Ende ihrer Möglichkeiten kommen zu lassen, denn wenn sie aus ihren alten Nöten heraus sind und deren Folgen am eigenen Leib erfahren haben, gelingt es ihnen vielleicht besser, wieder neu anzufangen.

Möge der arme unglückliche Geschäftsmann an seiner Ehrlichkeit festhalten wie an seinem Leben. Der gerade Weg ist der beste. Besser ist es, Steineklopfer auf der Straße zu sein, als zu den Sprücheklopfern zu gehören, die Gottes Gesetz missachten. Der Glaube an Gott sollte den Christen vor jeder schmutzigen Handlung bewahren; er sollte nicht einmal daran denken, einen schlechten Streich zu begehen, denn wer Pech angreift, besudelt sich. Christus und trockenes Brot – das ist Reichtum, aber ein befleckter Ruf ist ein Bankrott, wie man ihn sich nicht schlimmer vorstellen kann. Nicht alles ist verloren, solange Redlichkeit bewahrt wird, aber *es ist schwer für einen leeren Sack, aufrecht zu stehen*.

Es lässt sich das alte Sprichwort noch auf andere Weise anwenden. Es ist schwer für einen Heuchler, sein Bekenntnis aufrecht zu halten. Leere Säcke können in einer Kirche ebenso wenig aufrecht stehen, wie dies in einer Kornkammer der Fall ist. Plappern und Schwatzhaftigkeit bringen keine Heiligen hervor, sonst würden wir viele davon haben. Lange Gebete und laute Bekenntnisse betrügen nur jene, die kein Unterscheidungsvermögen besitzen. Die, welche tiefer sehen als bis auf die Oberfläche, entdecken bald den Wolf im Schafspelz.

Alle Hoffnung auf Rettung durch unsere eigenen guten Werke ist ein törichter Versuch, darauf hinzuwirken, dass ein leerer Sack aufrecht steht. Wir sind im besten Fall Sünder, die nichts verdienen, die Schlimmes verdienen und die die Hölle verdienen. Das Gesetz Gottes muss gehalten werden ohne eine einzige Übertretung, wenn wir hoffen wollen, dadurch gerettet zu werden; aber es ist keiner unter uns, der *einen* Tag ohne Sünde gelebt hat. Nein, wir alle sind nur leere Säcke, und wenn wir nicht mit dem Reichtum des Verdienstes Christi gefüllt werden, können wir nicht vor Gott stehen. Das Gesetz verdammt uns schon, und die Rettung durch dasselbe zu erhoffen, heißt, zum Galgen zu laufen, um das Leben zu verlängern. Es ist ein reicher Heiland für arme Sünder da, aber die, welche hoffen, sich selbst reich zu machen, werden finden, dass ihr Hoffen vergeblich ist.

Wer es allen recht machen will, der wird seinen Esel verlieren und für seine Mühe ausgelacht werden

Das ist ein wunderliches Bild, und nun folgt die Geschichte dazu; ihr sollt sie gerade so haben, wie ich sie in einem alten Buch fand: Ein Mann und sein Sohn trieben einen Esel vor sich hin, um ihn auf dem nächsten Markt zu verkaufen. »Was, hast du nicht mehr Verstand«, sagte unterwegs einer zu dem Mann, »du und

dein Sohn, ihr trabt zu Fuß und lasst den Esel frei nebenhergehen?« Darauf setzte der alte Mann seinen Sohn auf den Esel und ging selbst zu Fuß. »Nein, so etwas«, sagte nach einer Weile ein anderer zu dem Knaben, »du fauler Bube, du reitest und lässt deinen alten Vater zu Fuß gehen?« Der alte Mann nahm darauf seinen Sohn herab und stieg selbst auf. »Seht ihr«, sagte ein Dritter, »wie der träge, alte Kerl selbst reitet und das arme Kind Mühe hat, ihm nachzukommen.« Der Vater nahm darauf seinen Sohn hinter sich. Der Nächste, dem sie begegneten, fragte den Alten, ob der Esel ihm gehöre. Er sagte: »Ja.« »Ach, wirklich? Das sieht aber nicht danach aus«, erwiderte jener, »wenn du ihn so belädst.« ›Na‹, sagte der Alte zu sich, ›was soll ich nun tun? Ich werde ausgelacht, wenn der Esel leer geht, und ebenso, wenn *einer* von uns reitet, und nicht minder, wenn wir *beide* reiten.‹ Da kam er zu dem Entschluss, dem Esel die Beine mit einem Strick zusammenzubinden. Dann befestigten beide ihn an einer Stange, hoben diese auf ihre Schultern und versuchten, ihn so zum Markt zu tragen. Hierüber machte sich jeder lustig, der es sah, sodass der Alte endlich in großer Wut den Esel in einen Fluss warf und nach Hause ging. Der gute Mann wollte es jedermann recht machen; leider machte er es niemandem recht und verlor noch obendrein seinen Esel.

Wer nicht zu Bett gehen will, bis er es jedermann recht macht, wird viele Nächte aufbleiben müssen.

Viele Männer, viele Sinne; viele Frauen, viele Launen; wenn wir es daher einem recht machen, können wir sicher sein, dass einen anderen unser Tun verdrießt. Wir hätten lieber warten sollen, bis alle eines Sinnes sind, ehe wir nach ihrem Sinn zu handeln suchen, denn sonst werden wir dem Mann gleichen, der viele Hasen auf einmal jagte und letztlich keinen fing. Wenn wir nach jeder Pfeife tanzen, so werden wir bald an beiden Beinen lahm sein. Gutmütigkeit kann ein großes Unglück sein, wenn wir nicht Klugheit damit verbinden.

Es ist recht, gefällig zu sein, aber wir sind nicht verpflichtet, jedermanns Lakai zu sein. Seid stets bereit, die Hand zum Gruß an den Hut zu führen, denn das ist Höflichkeit, aber neigt nicht den Kopf, wann immer ihr dazu aufgefordert werdet, denn das ist Knechtschaft. Wer da hofft, allen zu gefallen, sollte erst ein Fass ohne Boden mit einem Sieb füllen. Sich von anderer Leute Lob zu nähren, heißt, von der Luft zu leben. Das ist kümmerlicher Vorrat, um ein Mittagessen daraus zu machen. Wenn ein Mensch Gott wohlgefällig ist, so kann er die Welt je nach Laune handeln lassen: Ob sie über ihn redet, finster dreinblickt oder ihn umschmeichelt, ist ihm einerlei. Was hat es denn im Grunde mit dem Grinsen eines Narren oder mit dem Stirnrunzeln eines armen Sterblichen wie unseresgleichen auf sich, dass ein Mann davor erschrecken sollte? Wenn es überhaupt darauf ankäme, was die Welt von uns sagte, so würde es der Trost einiger sein, dass die Leute sagen, wenn ein in Ehren gehaltener Mann begraben ist: »Im Grunde genommen war er kein schlechter Kerl.« Wenn die Kuh tot ist, hören wir, wie viel Milch sie gab. Wenn ein Mensch in den Himmel eingegangen ist, so wissen die Leute, was sie verloren haben, und wundern sich, warum sie ihn nicht besser behandelt haben.

Schwer ist es, den Menschen zu gefallen, aber glücklich zu preisen sind jene, die Gott wohlgefällig sind. Der ist kein freier Mann, der Angst davor hat, für sich selbst zu urteilen, denn derjenige, dessen Gedanken geknechtet sind, ist nicht frei. Ein Mann Gottes ist ein mannhafter Mann. Ein wahrer Mann tut, was er für recht hält – mögen die Schweine grunzen und die Hunde heulen.

Es sind nicht alle Jäger, die das Horn blasen

Er sieht nicht sehr wie ein Jäger aus! Nimrod würde ihn nie als solchen anerkennen. Aber wie bläst er! Du meine Güte, was für ein Spektakel! Es gehört mehr zum Pflügen als nur Pfeifen, und beim Jagen geht es nicht bloß darum, das Halali und das Horn zu blasen. Der Schein trügt. Das äußere Ansehen ist nicht alles. Es sind nicht alle Fleischer, die ein Messer bei sich haben, und

es sind nicht alle Bischöfe, welche die Amtstracht tragen. Blase nur zu, mein Guter, bis deine Zehen aus deinen Stiefeln herausschauen; Fuchs und Hirsch haben von dir nichts zu befürchten!

Nun mögen die Leute blasen, so viel sie wollen, aber der ist ein Narr, der alles glaubt, was sie sagen. Wer am wenigsten Weisheit hat, der hat am meisten Eitelkeit. Johann Ohneland[3] mag sehr gern Gutsbesitzer heißen, und niemand ist so froh, wenn man ihn einen »Doktor« nennt, wie der, welcher es am wenigsten verdient. Mancher Titel wie »Dr. theol.« ist nichts anderes als ein Trompetenstoß vor einer leeren Bude. Ich habe Leute sagen hören: »Nimm nur den Mund recht voll, und einer wenigstens wird dich sicher für groß halten«, aber mein alter Freund, der Schäfer Wilm, sagt: »Spar deinen Wind, bis du bergauf läufst, und führe nicht das große Wort, wenn du nichts tun kannst.«

Auf Demut folgt Ehre, aber ein schwatzhafter Narr wird fallen, und wenn er fällt, werden sich wenige beeilen, ihm aufzuhelfen.

Eine schnelle Zunge geht meist mit einer langsamen Hand zusammen. Die meisten von uns sind besser im Sprechen als im Tun. Der dicke Holländer war der klügste Steuermann in Vlissingen, nur dass er

3 A. d. H.: So hieß auch jener englische König (1167–1216), der von 1199 bis zu seinem Tod regierte.

nie zur See fuhr; und der Ire war der beste Reiter in Connaught, nur dass er sich nie aufs Pferd wagte, weil er, wie er sagte, »gewöhnlich herabfiel, ehe er hinaufkam«. Ein Junggeselle behandelt seine Frau immer gut, und alte Jungfern erziehen ihre Kinder auf das Trefflichste. Wir meinen, dass wir das können, wozu wir nicht berufen sind, und wenn es sich zufällig ergibt, dass wir es erledigen können, so machen wir es schlechter als die, welche wir tadeln.

Natürlich, jeder Töpfer rühmt seinen eigenen Topf, und wir mögen immerhin alle ein wenig auf unserer eigenen Trompete blasen, aber manche blasen, als ob niemand außer ihnen ein Horn besäße. Ach, dass man einen ruhigen Heuboden oder eine Sägegrube[4] oder ein Gefängnis hätte, wo man den Ton derer, die ständig ins Horn stoßen, niemals hören würde! Man sagt, ein Gehirn ist wenig wert ohne Zunge, aber was ist eine Zunge ohne Gehirn? Brüllen mag manchmal angebracht sein, aber ich lobe mir die Kuh, die den Eimer füllt. Ein schreiender Esel frisst wenig Heu, und da spart man das Futter; aber ein bellender Hund fängt kein Wild, und das ist ein Verlust für den Eigentümer. Wer viel Lärm

4 A. d. H.: Hier ist offenbar an eine jener Gruben gedacht, die früher gebraucht wurden, um die großen Eichenstämme, die zum Bau von Häusern benötigt wurden, auf die richtigen Längen sägen zu können. Dabei legte man die Stämme über die Grubenränder. Eine Person stand unten in der Grube, die andere oben auf dem Stamm. Nun kam eine mächtige Handsäge zum Einsatz, wobei beide zusammen die dicken Stämme zersägten.

macht, nützt niemandem, und wer viel schwatzt, hindert andere an der Arbeit.

Wer sein eigenes Loblied singt, muss ein kurzes Versmaß und eine ganz zurückhaltende Melodie wählen. Wer immer von sich selbst spricht, hat ein närrisches Thema und wird wahrscheinlich alle um sich her müde und matt machen.

Ein Mann, der etwas gut versteht, prahlt selten damit, und so ist es im Ganzen sehr klar, dass die besten Jäger nicht die sind, welche immerzu das Horn blasen.

Eine Handsäge ist ein gutes Ding, doch nicht zum Rasieren

Unser Freund auf dem Bild schneidet mehr ab, als er essen wird; er rasiert mehr ab als sein Barthaar, und dann wird er die Säge schelten. Sein Gehirn liegt nicht in seinem Bart und auch nicht in dem Schädel über demselben, sonst würde er sehen, dass er mit seiner Säge nur Schnitte hinterlassen wird. Man muss seine Werkzeuge mit Vernunft wählen, denn der Schwanz eines

Schweins wird nie einen guten Pfeil abgeben, und aus einem Schweinsohr kann man keinen seidenen Geldbeutel machen. Eine gute Sache ist nicht gut am falschen Platz. Es ist ebenso mit Knaben und Mädchen; man kann nicht alle Knaben dasselbe Handwerk erlernen lassen und nicht alle Mädchen in denselben Dienst schicken. Der eine Bursche wird ein guter Handlungsgehilfe in der Stadt werden, und der andere kommt besser zurecht, wenn er pflügt und sät, erntet und mäht – also ein Bauernknecht wird. Es hilft nichts, sie zu zwingen. Schickt einen Knaben gegen seinen Willen zum Brunnen, so wird der Eimer zerbrechen und das Wasser verschüttet werden.

Mit faulen Hunden ist es schwer, Hasen zu jagen. Gegen Natur und Neigung anzugehen, heißt, gegen Wind und Flut anzusegeln. Man sagt, man kann einen Narren loben, bis man ihn brauchbar macht! Ein solcher Spruch ist mir eigentlich nicht geläufig, aber ich weiß, dass ich mich meistens in den Finger schneide, wenn ich ein schlechtes Messer bekomme. Nein, wenn ich mich überhaupt rasieren will, soll es mit den besten Werkzeugen geschehen, die ich mir verschaffen kann.

Stellt niemals einen Menschen zu einer Arbeit an, für die er nicht geeignet ist, denn er wird sie nie gut machen. Niemand verlangt von Kühen, dass sie Krähen fangen, oder von Hühnern, dass sie Hüte tragen sollen. Man weiß wohl, weshalb man Eier in die

Pfanne schlägt, und man sollte auch wissen, warum man Dienstboten auswählt. Stellt nicht einen weichherzigen Mann an, um die zu bestrafen, die ihre Frauen schlagen, oder einen Bären als Armenpfleger oder den Besitzer einer Gastwirtschaft, um die Ausschankgesetze zu prüfen. Stellt den rechten Mann an den rechten Ort, dann geht alles glatt.

Für viele ist es eine Versuchung, wenn man ihnen Geld anvertraut: Gebt es ihnen nicht in Verwahrung, wenn ihr es je wiedersehen wollt. Stellt niemals die Katze an, um den Rahm zu bewachen, denn wenn der Rahm verloren geht, so ist das eure eigene Schuld. Es ist eine Sünde, Leute dahin zu stellen, wo sie wahrscheinlich sündigen werden.

Wenn ihr wollt, dass eine Sache gut getan wird, so wählt eure Werkzeuge sorgfältig.

Wer durch Spekulieren reich werden will, geht mit dem verkehrten Werkzeug an die Arbeit und wird sich sicher in den Finger schneiden. Du kannst ebenso gut hoffen, Goldrenetten auf dem Grund des Meeres zu ziehen, wie unter Spielern zu gewinnen, wenn du ein ehrlicher Mann bist. Fleißige Arbeit und sparsame Lebensweise sind das rechte Rasiermesser, Glücksspiele sind Handsägen.

Einige Dinge wollen sanft getan sein, und jemandem seine Fehler zu sagen, gehört dazu. Du holst kein Beil, um ein Ei zu öffnen; du tötest die Fliege auf der Stirn deines Kindes nicht mit einem Schmiedehammer. Du darfst auch nicht versuchen, einen kleinen Fehler deines Nachbarn dadurch abzustellen, dass du kein gutes Haar an ihm lässt. Gib nie einen Schuss mit deinem Gewehr ab, um eine Mücke zu töten, und erhebe kein Geschrei, wenn so gut wie nichts auf dem Spiel steht.

Wirf nicht eine Säge weg, weil sie kein Rasiermesser ist, denn sie wird ein andermal deinem Zweck dienen, wenn sie dich auch von deinen Bartstoppeln nicht befreit. Setze jedes Ding und jeden Angestellten nach dem gewöhnlichen Menschenverstand ein, so wirst du ungewöhnlich verständig sein. Ihr melkt keine Pferde und reitet keine Kühe, und nach derselben Regel müsst ihr aus jedem Menschen das machen, wozu er bestimmt ist, dann wird alles in Haus und Hof in schönster Ordnung sein. Jedes Ding hat seinen Nutzen, aber kein einziges Ding ist zu allem nütze.

Wählt eure Werkzeuge nicht nach dem Aussehen. Am besten ist, was am meisten nützt. Ihr könnt ein Pferd nicht mit einem Schildpattkamm striegeln, Eichen nicht mit einem Federmesser fällen und Austern nicht mit einem goldenen Zahnstocher öffnen. *Passend* ist besser als *prächtig*, wenn es aufs Arbeiten ankommt. Ein guter Arbeiter wird auch mit einem schlechten Werkzeug ziemlich gut vorankommen, und einem tapferen Soldaten fehlt es nie an einer Waffe: Indessen ist das Beste gut genug für mich, und Hans Pflüger gibt nichts darauf, ein untaugliches Werkzeug zu gebrauchen, weil es nett aussieht. Besser ist es, auf einem Esel zu reiten, der uns trägt, als auf einem Pferd, das uns abwirft. Es ist viel besser, mit einem altmodischen Spaten zu arbeiten, den wir gut in der Hand halten können, als mit einer neumodischen Erfindung, die wir nicht verstehen.

Wenn wir versuchen, unseren Mitmenschen Gutes zu tun, ist das Evangelium bei Weitem das beste Mittel dazu. Die kürzlich aufgekommene Lehre, die man »Neues Denken« nennt, ist nicht besser als eine Handsäge und nützt gar nichts. Diese neue Lehre beraubt das Evangelium völlig seines Inhalts und wird keine Maus selig machen und keine Spatzenseele rühren, aber das herrliche Evangelium Jesu Christi ist auf die Nöte der Menschen zugeschnitten, und durch Gottes Gnade vollbringt es ein wunderbares Werk. Lasst alle Prediger und Lehrer daran festhalten, denn sie werden nie ein besseres finden. Versucht, die Menschen mit seinen Worten voller Liebe und seinen Verheißungen voller Kostbarkeiten zu gewinnen, und dann braucht ihr nicht zu fürchten, dass ihr vergeblich arbeitet. Manche rühmen den Balsam Gileads oder die Moralität des Menschen; viele versuchen es mit der römischen Salbe oder dem Öl von Babylon; und andere benutzen eine künstliche Mixtur, die von gelehrten Philosophen gemischt worden ist, aber für die Wunden seiner eigenen Seele und für den Schaden anderer kennt Hans Pflüger nur ein Heilmittel, und das wird von dem guten Arzt frei und umsonst allen gegeben, die darum bitten. Ein demütiger Glaube an Jesus Christus wird sich an euch bald als diese allumfassende Medizin erweisen. Benutzt keine andere, denn keine andere nützt etwas.

Schneid nicht deine Nase ab, um dein Gesicht zu ärgern

Der Zorn ist ein kurzer Wahnsinn. Je weniger wir tun, wenn wir in Wahnsinn geraten, desto besser ist es für andere, und je weniger wir in Wahnsinn geraten, desto besser ist es für uns selbst. Weit gekommen ist es mit dem, der sich selbst schadet, um an dem anderen Rache zu nehmen. Das alte Sprichwort lautet: »Schneid nicht

deinen Kopf ab, weil er dir weh tut«, und ein anderes sagt: »Steck nicht dein Haus in Brand, um den Mond zu ärgern.« Wenn die Sachen schiefgehen, so ist es eine jämmerliche Art der Verbesserung, dass man sie noch schlimmer macht. Man gleicht dann dem Mann, der das Trinken anfing, weil er die junge Frau, die ihm gefiel, nicht heiraten konnte. Der muss ein Narr sein, der seine Nase abschneidet, um sein Gesicht zu ärgern, und doch tat Jürgen dies, als er seinen alten Herrn erzürnt hatte. Weil er gescholten wurde, gab er seine Stelle auf, verlor seinen Broterwerb und ließ Frau und Kinder hungern. Trine war faul gewesen, und sie wusste es, aber sie kündigte lieber, als dass sie ihre Herrin mit sich sprechen ließ, und verlor eine so gute Anstellung, wie ein Mädchen sie sich nur wünschen kann. Der alte Schulz war auf verkehrtem Weg und konnte dies nicht leugnen, doch obgleich die Predigt des Pastors ihn so scharf traf, reagierte er mit Verdruss und gelobte, er wolle den frommen Mann nie wieder hören. Er schadete sich damit nur selbst, aber er wollte keine Vernunft annehmen.

Tue nichts, wenn du zornig bist, dann wirst du umso weniger gutzumachen haben. Lass die Leidenschaft eines hitzigen Mannes dir zur Warnung dienen: Wenn er dir tüchtig einheizt, so nimm dich in Acht, dass dein eigener Topf nicht überkocht. So mancher hat sich in seiner blinden Wut eine Ohrfeige gegeben – ja, wohl gar sein Leben aus Ärger beendet. Wer sich nicht beherrschen kann, der trägt Schießpulver bei sich, und weder er selbst noch seine Nachbarn sind sicher. Wenn die Leidenschaft zur Tür hereinkommt, so flieht das bisschen Vernunft drinnen zum Fenster hinaus. Nach und nach beruhigt sich ein hitziger Mann und kommt zu sich, aber wenn die Nase mittlerweile abgeschnitten ist, wer soll sie wieder ansetzen? Es wird ihm nur einmal leidtun, und das wird die ganze übrige Lebenszeit sein.

Der Zorn schadet einem Menschen mehr als das, was ihn zornig macht. Er öffnet des Menschen Mund und schließt seine Augen, entflammt sein Herz, ertränkt seinen Verstand und macht seine Weisheit zur Torheit. Der alte Martin sagte mir, es täte ihm leid, dass er seine Geduld verloren hatte, und ich dachte im Stillen, es sei schade, dass er sie je wiedergefunden habe, denn sie war wie ein alter Schuh ohne Sohle, an dem das Oberleder zerrissen ist und der nur noch für den Müllhaufen taugt. Ein heißblütiger Mann wäre viel besser dran, wenn er ein neues Herz und einen neuen, beständigen Geist hätte. Der Zorn ist ein Feuer, das kein Essen kocht und kein Zimmer warm macht; er schneidet und schmäht und tötet, und niemand weiß, wohin er führen kann. Deshalb, lieber Leser, lass ihn nicht in deinem Herzen wohnen, und kommt er je hinein, jage den Vagabunden ein Haus weiter.

Sachte, kleiner Topf, nur sacht,
nicht so hitzig, nicht so heiß,
kochst du über unbedacht –
du verdirbst mehr, als man weiß.

Der alte Herr auf unserem Bild hat eine große Nase, und obwohl es töricht wäre, wenn er sie abschnitte, so würde es klug sein, all das abzuschneiden, was ihr zu einer solchen Größe verholfen hat. Das Glas und der Bierkrug auf dem Tisch sind die Farbentöpfe, womit er seine Nase anmalt, und ein jeder weiß – mag er selbst es wissen oder nicht –, dass seine Nase das äußere sichtbare Zeichen einer gehörigen Anzahl genossener Spirituosen ist, und je eher er den Krug beiseitestellt, desto besser. Und damit wollen wir dieses Thema beenden.

Er hat ein Loch unter der Nase, und sein Geld läuft da hinein

Dies ist der Mann, der beständig auf dem Trockenen ist, weil er so viel »schweres Nass« zu sich nimmt. Er ist ein »leerer Geselle«, der gern »voll« sein will. Kaum ist er in den Kleidern, so ist seine Nase schon in den Bierkrügen, und sein Geld fängt an, in das Loch hinabzulaufen, das geradewegs unter seiner Nase ist. Er ist kein Schmied, aber er hat ein Feuer in seinem

Hals, das alle Fässer des Schankwirts nicht löschen können.

Wenn man ihn fragt, wie es ihm geht, so sagt er, ganz gut, wenn er nur seinen Mund anfeuchten könnte. Seine Börse ist eine Bierflasche, seine Bank ist eine Theke, und sein Schatzkästchen ist ein Bierfässchen; sein Edelmetall ist Zinn, weil sein Bierkrug daraus gefertigt ist, und der Kümmelschnaps ist sein Kleinod. Der Tau seiner Jugend kommt aus der Brennerei, und der Trost seiner Seele ist ein herzhafter Schnaps. Er ist ein wandelndes Fass, ein lebendiges Abflussrohr, ein dahinwankender Bierbottich. Er trinkt, auch wenn es für ihn noch so schädlich ist: Im Sommer, weil es heiß ist, und im Winter, weil es kalt ist. Ein Tropfen Bier kommt ihm nie zu früh; er würde mitten in der Nacht aufstehen, ihn zu holen, wenn er nicht zu betrunken schlafen ginge. Er hat gehört, dass ein Glas Branntwein in den Stiefeln eine Erkältung verhütet, wenn man nasse Füße hat. Daraus folgert er, die beste Art, ein Glas Schnaps in jeden Stiefel zu tun, sei die, Doppelschnäpse dahin zu gießen, von wo aus sie in die Beine laufen. Er braucht nie lange Zeit, um einen Vorwand für einen weiteren Schnaps zu finden.

Vor Wasser hat dieser »feine Herr« einen Abscheu – ganz gleich, ob es innerlich oder äußerlich gebraucht wird. Am meisten scheut er es innerlich, ausgenommen mit Spirituosen versetzt, und dann gilt: Je weniger Wasser, desto besser. Er sagt, die Pumpe würde ihn töten, aber er bietet ihr nie die Gelegenheit dazu. Es ist schade, dass er nicht einmal in ihre Nähe kommt. Kaltes Wasser zu trinken, macht einen Mann nicht krank, bringt ihn nicht in Schulden und macht seine Frau nicht zur Witwe, aber sein »schönes Bier« wird all das für ihn tun, ihn bei Lebzeiten auf das Niveau von Tieren sinken lassen und ihn vor der Zeit ins Grab spülen. Der Schotte sagt: »Tod und Trunk sind nahe Nachbarn«, und er spricht die Wahrheit.

Wenn ein Mann so betrunken ist wie eine Ratte, so wirft er sich zum Richter auf und lacht über nüchterne Leute. Einige meiner Nachbarn lachen über mich, weil ich keinen Alkohol zu mir nehme, und ich könnte wohl über sie lachen, wenn sie betrunken sind, aber ich möchte eher weinen, dass sie solche Narren sind. Oh, dass wir ihnen zur Nüchternheit verhelfen könnten, dann könnten wir vielleicht Männer aus ihnen machen!

Solange das *Saufen* Gewissen und Vernunft *ersäuft*, kann man ebenso gut zu den Schweinen reden. Die Schurken geben schöne Versprechungen, verpfänden ihr Wort und dann ihren Rock, um mehr Bier zu bekommen. Wir lächeln über einen Betrunkenen, denn er gibt eine lächerliche Figur ab, aber wenn wir sehen, wie er sich an Leib und Seele zugrunde richtet, so ist das keine Sache zum Scherzen. Wie ernst ist die Wahrheit, dass kein »Trunkenbold« »das Reich Gottes erben« wird!

Es ist nichts so schlecht, als dass ein Mann es nicht sagen oder tun könnte, wenn er berauscht ist. Es ist schlimm, wenn ein anständiger Mensch dem Rinnstein nahe kommt. Gerät der Trunkenbold nicht in die schlimmsten Verbrechen, so liegt es nicht an ihm, denn er hat die Voraussetzungen dafür geschaffen, dass der Teufel ihn auf allen möglichen Gebieten verführen kann. Er richtet am wenigsten Schaden an, wenn ihm der Kopf schwer wird und er zu taumeln beginnt; dann wird er zu einem Blinden mit sehenden Augen im Kopf und zu einem Krüppel mit gesunden Gliedern. Er sieht zwei Monde und zwei Türen zum Wirtshaus und versucht, durch beide zugleich hineinzugehen. Er fällt um und muss dann liegen, bis jemand ihn mit der Schubkarre nach Hause transportiert oder auf die Polizeiwache bringt.

Salomo sagt, dass der Schlemmer und der Säufer in Armut geraten, und dies ist bei dem Trunkenbold binnen sehr kurzer Zeit der Fall. Er kommt immer mehr herunter; in dem Maße, wie seine Nase immer röter und sein Leib immer unförmiger wird, verkommt sein einst so wohnliches Haus zur Bruchbude, und er lebt bald nur noch auf anderer Leute Kosten. Sein Geschäft stockt, sein Kredit ist ausgelaufen, aber sein Bier weiß er sich noch zu verschaffen. Er traktiert einen alten Freund mit einem Bierkrug und stellt dann fest, dass er seinen Geldbeutel zu Hause gelassen hat, und natürlich, der alte Freund muss die Zeche bezahlen. Er borgt, bis niemand ihm einen noch so kleinen Betrag mehr leihen will, es sei denn, um ihn loszuwerden und ihm nicht auch noch einen Taler[5] leihen zu müssen. Die Scham hat ihn längst verlassen, obgleich alle, die ihn kennen, sich seiner schämen. Sein Geschwätz läuft wie ein Zapfen und ist voll schmutziger Hefen; er ist sehr freundlich bei seinem Bier und schwört, er habe dich lieb und wolle gern auf deine Gesundheit trinken und dich auch weiterhin lieb haben. Armer Narr, nicht viel Gutes wird sein »Segen« dem bringen, der ihn erhält; seine arme Frau und seine Kinder haben schon zu viel davon gehabt und zittern beim bloßen Ton seiner Stimme.

Aber angenommen, wir versuchen, etwas zu tun, um eine Kneipe zu schließen oder die Zeiten zu beschränken, in denen Alkohol ausgeschenkt werden darf. Dann werden wir mit allen möglichen Schimpfnamen belegt, und es geht stets in folgendem Ton: »Was? Einem armen Mann sein Bier rauben?« Die Wahrheit ist, dass *sie* den armen Mann durch sein Bier berauben. Der Bierkrug plündert den Brotschrank und den Mittagstisch, lässt dessen Frau hungern und die Kinder in

5 A. d. H.: Um eine Vorstellung von dessen Wert zu der damaligen Zeit zu bekommen, kann man ungefähr davon ausgehen, dass ein Taler etwa einem Fünfzehntel eines durchschnittlichen Monatseinkommens entsprach.

Lumpen gehen; er ist der große Dieb – derjenige, der in Häuser einbricht und großes Herzeleid über Familien bringt. Das Beste, was man tun kann, ist, den Bierkrug in Stücke zu brechen oder ihn mit dem Boden nach oben auf den Sims zu stellen. In einer Zeitung, die mir neulich geliehen wurde, sah ich einige Verse, die mir gefielen und die ich deshalb abschrieb. Hier sind sie:

Ihr raubt dem armen Mann sein Bier
und gebt ihm Fleisch in seinen Topf!
Eu'r Herz ist hart, so scheint es mir –
zum Mindesten ist schwach eu'r Kopf.

Ihr raubt dem Armen seinen Krug,
gebt ihm ein Haus, so nett und fein,
mit Küche und mit Raum genug –
die Steine könnten drüber schrein!

Ihr raubt dem armen Mann sein Glas,
lehrt lesen ihn und schreiben gar!
Nur Bosheit ist und Tücke das –
kann er nicht bleiben, wie er war?

Ihr raubt ihm seinen Schnaps dazu,
dass seine Frau er nicht mehr schlag,
wollt seinem Haus verschaffen Ruh
und retten ihn vor Schimpf und Schmach.

Ihr raubt dem armen Mann sein Bier,
dass nicht sein Kind vor Hunger stöhn,
eu'r Tun verwirrt das Herze mir,
drum bitt ich euch: Lasst's sacht angehn!

Nachdem ich euch einen Liedtext weitergegeben habe, will ich euch den Text eines Handzettels geben, den ihr im Fenster des »Goldenen Löwen« aufhängen könnt, wenn der Wirt eine Ankündigung wünscht. Er wurde vor vielen Jahren geschrieben, ist aber so gut wie neu. Jeder Bierwirt kann ihn abdrucken, wenn er glaubt, dass es seinem Geschäft förderlich wäre.

Ihr Trunkenbolde, lest dies!

Trunksucht

vertreibt die Vernunft,
zerrüttet den Leib,
schwächt die Kraft,
bringt das Blut in Wallung;

schlägt innerliche Wunden,
schlägt äußerliche Wunden,
schlägt ewige Wunden,
schlägt unheilbare Wunden;

ist
eine Hexe für die Sinne,
ein Satan für die Seele,
ein Dieb für die Börse,
bringt schließlich an den Bettelstab,
führt zu Ausschweifung und Schlechtigkeit.

Sie ist das Herzeleid der Ehefrau
und die große Not der Kinder.
Sie lässt den Mann im Kot sich wälzen
– schlimmer als ein Tier –
und lässt ihn handeln wie ein Narr.

Der ist ein Selbstmörder,
der auf die Gesundheit eines anderen trinkt
und seine eigene vertrinkt.

Ein jeder fege vor seiner Tür

Der ist ein weiser Mensch, der Weisheit genug hat für seine eigenen Geschäfte. Es ist sehr weit verbreitet, dass die Leute sich selbst für die Nummer eins *halten*, aber sehr selten, dass sie denken, bei nötigen Verbesserungen müsse man bei ihnen anfangen. Wenn es darauf ankommt, Geld für notwendige Arbeiten oder Verbesserungen auszugeben, so meinen sie, diese Sache müsse bei Haus Nr. 2 und Nr. 3 beginnen und zu allen Häusern bis Nr. 50 weitergehen, ehe Nr. 1 irgendeinen Wink erhält. Das ist aber sehr töricht, denn wenn die christliche Liebe im eigenen Haus beginnen soll, so sollte die Verbesserung ebenfalls dort beginnen. Es ist Zeitverschwendung, weit fortzugehen, um die Schaufel zu schwingen; nichts hat größeren Wert, als den Schnee vor der eigenen Tür wegzufegen. Besichtige dein eigenes Tun und berichtige deine eigenen Fehler, und wenn das jeder tut, so wird alles besichtigt und berichtigt sein.

Einem Menschen, der seine eigenen Sachen nicht gut besorgt, kann man die Angelegenheiten anderer Leute nicht anvertrauen. Sehr viele Menschen sind außer Haus so geschäftig, dass sie keine Zeit haben, im Haus nach dem Rechten zu sehen. Man sagt, des Schusters Frau geht barfuß, des Bäckers Kind bekommt keine Brezel, und des Schornsteinfegers Haus hat rußige

Schlote. Das kommt davon, dass der Betreffende meint, überall einschreiten zu müssen, aber die eigenen Fehler nicht sieht. Aller Verstand in der Welt findet sich nicht in einem Kopf; deshalb ist der weiseste Mensch unter den Lebenden nicht verpflichtet, alle Sachen seiner Nachbarn zu besorgen. Es gibt bewundernswürdige Leute, vor deren Weisheit Salomo zuschanden werden würde; und doch haben sie nicht Verstand genug, dafür zu sorgen, dass ihr eigener Kessel nicht überkocht. Sie könnten das Land regieren, aber sie können nicht ihre Jungen vom Obstgarten des benachbarten Bauern fernhalten; sie könnten den Pfarrer lehren, aber sie können nicht selbst lernen. Sie stecken ihre Nase in anderer Leute Sachen, wo sie so willkommen sind wie Wasser in den Schuhen. Aber wenn es darum geht, die Angelegenheiten ihres eigenen Hauses in Ordnung zu bringen, gefällt ihnen die damit verbundene Arbeit so sehr, wie ein Schwein es liebt, wenn man einen Ring durch seine Schnauze zieht. Ein Mensch, der sich in alles einmischt, will seine eigenen Strümpfe nicht stopfen, denn er hat die Nadel in den Socken seines Cousins stecken lassen; er wird so grau sein wie ein alter Kater, ehe er sich bessert, und doch stolziert er wie der Storch im Salat einher und denkt, er sei der Größte. Wenn sie schon nichts anderes bewirken, so sollten Selbstsucht und Selbstgefälligkeit wenigstens dazu führen, dass einer nach seinen eigenen Sachen sieht.

Jede Katze putzt ihr eigenes Fell und leckt ihre eigenen Jungen; wann werden Männer und Frauen für ihre eigenen Sachen sorgen und mit ihren eigenen Geschäften sich beschäftigen? Kocht eure eigenen Kartoffeln und lasst mich meine braten, wenn es mir beliebt; ich werde es nicht mit euren Kohlen tun. Admiral Nelson sagte dazu: »England erwartet, dass jedermann seine Pflicht tut.« Und dies gilt überall – wo immer der Leser auch wohnen mag.

Ein Spiegel nützt dem Blinden nichts

Wer nicht sehen will, gleicht so ziemlich dem, der nicht sehen kann; ja, in einigen Dingen hat *dieser* vor *jenem* sogar etwas voraus, denn er ist im Dunkeln und *weiß es*. Eine Laterne nützt einer Fledermaus nichts, und gute Lehren sind verloren bei dem Menschen, der nicht lernen will. Vernunft ist Torheit für den Unvernünftigen. Ein Mann kann ein Pferd zur Tränke führen, aber hundert können es nicht dahin bringen, dass es säuft; es

ist leicht, einem Menschen die Wahrheit zu sagen, aber wenn er sich nicht überzeugen lassen will, so ist die Mühe verloren. Wir haben Mitleid mit den armen Blinden, aber wir können es nicht mit denen haben, die ihre Augen vor dem Licht verschließen.

Ein Mensch, der gegenüber seinen eigenen Fehlern blind ist, ist blind gegenüber seinem eigenen Vorteil. Wer da meint, er sei nie ein Tor gewesen, ist jetzt einer. Wer nie eingesteht, dass er unrecht hat, wird nie dahin kommen, dass er recht hat. Hier gilt die alte Wahrheit, dass derjenige, der im Sommer nichts erntet, im Winter nichts zu essen hat. Wie kann einer die Rußflecken aus seinem Gesicht tilgen, wenn er weder in den Spiegel sehen noch glauben will, dass sie da sind, wenn man es ihm sagt?

Das Vorurteil verblendet viele Augen ganz und gar. Der Mensch kennt die Sache schon; er kennt sie ganz genau, er kann darauf schwören, und es nützt nichts, mit ihm zu argumentieren. Er hat sich ein Urteil gebildet und brauchte nicht lange dafür, denn er hat kaum Beweisgründe, aber wenn er etwas gesagt hat, klebt er daran wie das Pech des Schusters an dem Schuh, den dieser repariert hat. Er ist weiser als sieben Leute, die einen Grund angeben können. Er vertritt so entschieden seine Meinung, dass man denken könnte, er hätte im geheimen Rat des Höchsten gesessen und in den Hinterhof des Weltalls hineingesehen. Er redet, als wenn er alle Weisheit in der Westentasche trüge – klein und handlich wie ein Pfefferminzbonbon. Die, welche Gefallen daran finden, mögen versuchen, ihn zu belehren, aber ich habe keine Lust, einem Maulwurf einen Spiegel vorzuhalten.

Manche Leute sind durch ihr irdisches Geschäft blind gemacht und könnten den Himmel auch nicht sehen, wenn die Fenster über ihrem Kopf geöffnet würden. Seht den Pächter Wanst, er ist wie Nebukadnezar[6], denn er spricht nur vom Vieh, und wenn er nicht Gras isst, so kommt es daher, dass er nie Geschmack an Salat gefunden hat. Sein Mittagessen ist seine beste Erbauung, er hält seine Fastenzeit beim fetten Rinderbraten und schwitzt dabei mehr als bei seiner Arbeit. Der alte Earle hat dazu gesagt: »Seine Religion ist ein Teil seiner Pachtung, die er von seinem Gutsherrn übernimmt und ganz nach dem Belieben Seiner Gnaden einrichtet. Wenn dieser es ihm erlaubt, geht er zur Kirche in seinem besten Anzug und sitzt dort neben seinen Nachbarn, aber er betet nie mehr als zwei Gebete – um Regen oder um schönes Wetter, je nachdem. Er ist die ganze Woche hindurch knausrig – ausgenommen an Markttagen, an denen er denkt, wenn er sein Korn gut verkauft hat, so könne er sich mit gutem Gewissen betrinken. Er hat

6 A.d.H.: Vgl. Daniel 4,30. Dort wird erwähnt, dass Nebukadnezar gemäß einer Weissagung (4,22) zeitweilig Gras aß.

kein Gespür dafür, dass ein Unglück droht, denn aus seiner Sicht könnte höchstens ein Kornschober abbrennen oder eine Wiese überschwemmt werden. Er hält die Sintflut für die größte Plage, die es je gegeben hat – nicht, weil die Menschen darin umkamen, sondern weil sie das Gras auf dem Erdboden vernichtet hat. Der Tod macht ihm keine Sorgen, und wenn er nur seine Ernte vorher einfahren kann, so mag er kommen, wann er will, ihm ist es einerlei.« Er ist ebenso starrsinnig wie töricht, und um einen neuen Gedanken in seinen Kopf hineinzubringen, müsste man ihm diesen mit dem »Nürnberger Trichter« eingeben. Und die Mühe würde sich gar nicht lohnen. Wir dürfen ihn nicht weiter behelligen, denn er ist zu steif, um sich biegen zu lassen, und zu blind, um sehend zu werden.

Andere schaden ihren Augen, indem sie Gläser brauchen, die keine Brillen sind. Ich hatte versucht, den alten Timm zu überzeugen, dass es gut für ihn wäre, wenn er sich zu denen hält, die auf Alkohol ganz verzichten, und alles, was er darauf sagte, war: »Ich kann es nicht einsehen.«

Alles ist bei ihm jetzt aus den Fugen geraten, denn sein Hausrat ist fast ganz verkauft, und seine Frau und die Kinder haben keine Schuhe an den Füßen. Und doch lacht er über »eine Flasche Pumpenwasser« und sagt, ich solle nur hingehen und mein Teewasser trinken. Arme Seele! Arme Seele!

Froh ist er nur beim Branntewein,
er stolpert über jeden Stein,
vertrinkt des Abends im Gelag,
was er verdienet hat am Tag.

Kann nichts für solche armen Narren getan werden? Warum nicht die Zeiten verkürzen, in denen Alkohol ausgeschenkt werden darf? Weshalb nicht die Wirtshäuser am Sonntag schließen? Wenn diese Leute nicht Verstand genug haben, für sich selbst zu sorgen, sollte das Gesetz sie schützen. Schäfer Wilm sagt, er treibe seine Schafe von einem Feld, wenn sie Gefahr laufen, zu viel Grünes zu fressen und dadurch aufgedunsen zu werden und Blähungen zu bekommen, und es sollte möglich sein, Dummköpfe aus der Kneipe zu holen, wenn ihnen aufgrund ihrer Trunksucht noch schlimmere Folgen bevorstehen. Wie sehr wünsche ich, den armen Timm dahin zu bringen, dass er dies sieht wie ich, aber wenn ein Mensch keine Augen hat, so kann er die Sonne nicht sehen, wenn auch seine Nase von der Sonne versengt wird.

Das Vorurteil verwandelt das Sonnenlicht in eine Finsternis, die man mit Händen greifen kann. Wir sind alle blind von Natur aus, und bis »der Herr, unser Arzt«, uns die Augen öffnet, tasten wir umher, selbst im Licht des Evangeliums. Alles Predigen in der Welt kann nicht bewirken, dass ein Mensch die Wahrheit sieht, solange seine Augen blind sind. Es gibt eine himmlische Augensalbe, die sichere Heilung bringt, aber das Schlimmste bei der Sache ist, dass die geistig Blinden meinen, dass sie schon sehen und deshalb wahrscheinlich in der Finsternis sterben werden. Lasst uns für jene beten, die niemals für sich selbst beten: Gottes Macht kann für sie tun, was unsere Macht weit übersteigt.

Schlechte Nahrung für Knecht und Pferd bringt wenig Gewinn und sicheren Verlust

Was man an Futter beim Vieh einspart, ist reiner Verlust, denn ein Pferd kann nicht arbeiten, wenn es nicht gefüttert wird. Wenn es sich nicht lohnt, ein Tier zu füttern, so lohnt es sich erst recht nicht, es verhungern zu lassen. Selbst das Land trägt wenig ein, wenn ihm keine Nährstoffe zugeführt werden, und dasselbe gilt von den armen Tieren. Ihr könnt ebenso gut versuchen,

eine Dampfmaschine ohne Kohlen oder eine Wassermühle ohne Wasser zu betreiben, wie mit einem Pferd zu arbeiten, ohne ihm Korn als Futter zu geben. Die vernunftlosen Tiere können nicht für sich selbst sprechen, und deshalb sollte jeder, dem die Sprache gegeben ist, dafür eintreten, dass sie das ihnen Zustehende bekommen. Ihnen kärgliches Futter zu geben, ist eine wahre Schande. Der Gaul auf unserem Bild scheint ganz entkräftet; seht seine Knie an! Sein Eigentümer verdiente, ausgepeitscht zu werden. Ich hasse Grausamkeit – und vor allem die Grausamkeit, die das arbeitende Tier hungern lässt.

Ist ein Mensch nicht besser als ein Tier? Dann könnt ihr euch darauf verlassen: Was für das Ackerpferd gut ist, ist auch gut für den Ackersmann; ein Magen voll nahrhafter Hausmannskost ist eine treffliche Hilfe für ihn. Ein hungernder Arbeiter ist ein teurer Knecht. Wenn ihr die Leute nicht bezahlt, so wirtschaften sie insgeheim in die eigene Tasche, oder sie betreiben die Arbeit nachlässig. Wer gut arbeitet, soll gut essen – besonders der, welcher pflügt. Es würde kein Brot da sein, wenn es keinen Pflug gäbe; wollt ihr den Mann darben lassen, der sich als Erster müht, damit wir uns ernähren können? Hans prahlt nie, aber er denkt gut von seinem Beruf und denkt gut von denen, die gut bezahlen, aber die, welche den Armen schinden – je mehr er *an* sie denkt, desto geringer denkt er *von* ihnen.

Ein Mensch kann von geringer Kost leben, aber der Gutsbesitzer Geizig meint, wir könnten von nichts leben, was etwas ganz anderes ist. Mir ist es unverständlich, warum das Land heute nicht diejenigen ernähren kann, die es bearbeiten; früher war es doch auch möglich. Vor 300 Jahren schrieb der Dichter Thomas Tusser:

Die Knechte hoffen nach altem Brauch
auf Fleisch am Sonntag und Mittwoch auch –
willst du es halten nach dieser Weisen,
so wirst du 'ne gute Hausfrau heißen.

So spricht der Dichter zu der Hausfrau, wenn es um die Pflüger geht, die in der Nähe des Gutshauses leben. Bei ihm finden sich jedoch auch Worte über die anderen Arbeiter und ihre Rechte. Von dem Erntefest schreibt er:

Ein frohes Fest zur Erntezeit
im Voraus alle schon erfreut.

Ich wollte, sie hätten ein solches Erntefest, aber leider trinken sie so viel dabei. Könnten wir nicht ohne Bier und Kopfweh ein Fest feiern? Der Dichter fährt fort:

Doch mit dem Fest kommst du nicht frei,
dem Schnitter gib die Gans dabei,
die er zu Haus verzehren mag
mit Frau und Kind am Feiertag.

Eine schöne Idee, dass der alte Geizig dem Michel eine Gans geben soll! Er würde den Michel für ein vorlautes Bürschchen halten, wenn dieser darauf hinwiese. Wo Geizig gemäht hat, ist nichts mehr zu holen – da würde auch eine Gans kein Futter mehr finden. Er weiß nicht, was seine abgemagerten Arbeiter von ihm sagen, aber er kann es sich denken, denn ein hungriger Mann ist ein zorniger Mann, und ein leerer Magen macht keine Komplimente. Um die faulen Gesellen, die essen wollen, bis sie schwitzen, und arbeiten, bis sie frieren, kümmere ich mich nicht, wenn sie schmale Kost bekommen. Ein Mann aber, der wirklich schwer arbeitet, sollte imstande sein, im Tagewerk genug zu verdienen, um sich und seine Familie vor Hunger zu schützen. Wenn dies nicht möglich ist, so ist irgendwo etwas nicht in Ordnung. Ich will nicht den Pächtern oder den Gutsherrn oder den Abgeordneten oder irgendjemandem die Schuld geben, aber das Land ist gut und trägt reichlich für alle, sodass weder Mensch noch Tier darben sollten. Ich habe Leute gekannt, die sich alte, verbrauchte Gäule kauften und sie schlecht fütterten und doch auf lange Sicht mehr bezahlten als der Eigentümer eines guten Gespanns, der den Tieren gab, was ihnen zustand. Doch wie können die armen Geschöpfe überhaupt etwas leisten, wenn sie unzureichend gefüttert werden?

Was die Menschen betrifft, so wollte ich, sie wären alle zusammen besser, als sie sind, denn ich muss gestehen, dass so manche Leute mehr zum Jäten als zum Pflügen taugen. Ich möchte ihnen sagen: »Arbeitet gut, und dann fordert guten Lohn!«

Wenn Rudolf faul war, so muss man auch sagen, dass sein Herr ihn mit weniger entlohnte. Es machte ihm keinen Spaß, so zu arbeiten, dass ihm zwanzig Taler zugestanden hätten, wenn er doch nur zehn bekam. Wenn er mehr getan hätte, so hätte ihm sein Herr mehr gegeben, aber Hans konnte das nicht einsehen, und so schlenderte er dahin, tat beinahe nichts und bekam beinahe nichts. Er hatte selten einmal ein Stück Fleisch, magerte ab und war nicht mehr so kräftig wie früher. Es schien, als würde er von Rübenabfall leben, und er war so schläfrig wie eine Haselmaus zur Winterszeit; ihr hättet ihn nicht anders aufwecken können, als wenn ihr einen Bienenkorb über ihn ausgeleert hättet.

Die Leute nennen einen Pflüger einen »Schinkenkauer«, nicht wahr? Ich glaube, es wäre ihm ganz angenehm, zuweilen ein Stück Schinken kauen zu können. Hunderte und Tausende, die überall im Land schwer arbeiten, bekommen kaum genug Fett, um die Räder des Lebens zu schmieren, und das ist ein Jammer.

Und bei den armen Frauen und Kindern ist oft Schmalhans Küchenmeister – nichts als Brot und Salz, und selbst davon wenig genug.

Eins indes ist so klar wie Wasser: Der Arbeiter kann kein Wirtshaus in Gang halten, wenn er so wenig für sein eigenes Haus hat. Er kann keinen Groschen entbehren, sondern muss alles der Frau heimbringen, was er nur irgendwie verdienen kann.

Nun denn, wenn wir bei allem Fleiß und aller Mäßigkeit nicht durchkommen können, ohne hier und da zu darben, lasst uns dennoch geduldig und zufrieden sein. Wir haben selbst dann mehr Segnungen, als wir zählen können. Wenn Menschen eine geschlossene Faust haben, so hat Gott eine offene Hand, und wenn das irdische Brot kärglich ist, so reicht er das himmlische Brot in seiner Fülle dar. Getrost, mein Bruder, wir haben noch etwas Besseres vor uns.

Er hat die »Fiedel«, aber nicht den Bogen

Es kommt oft vor, dass ein Mann in die Schuhe eines anderen tritt, aber nicht darin gehen kann. Ein armer Stümper steigt auf die Kanzel eines in Ehren gehaltenen Amtsbruders und nimmt dieselben Texte, aber die Predigten sind so verschieden wie Tag und Nacht. Ein junger Angeber – noch nicht trocken hinter den Ohren – erbt seines Vaters Gut, aber nicht seine Groß-

mut, sein Land, aber nicht seinen Verstand, seine Rente, aber nicht seine Talente, er hat die »Fiedel« ohne den Bogen, und das ist ein Jammer.

Manche Leute meinen, sie brauchten nur die Griffe des Pfluges in die Hand zu nehmen und könnten es sofort dem Hans Pflüger gleichtun und ihn sogar übertreffen. Wenn sie nur seine »Fiedel« hätten, so könnten sie gewiss darauf spielen. Hans grüßt sie bestens und möchte gern dabei sein, wenn dies geschieht.

Indes, unter uns gesagt, es ist ein Geheimnis, das Hans euch verraten will. Seine »Fiedel« ist armselig genug, aber sein Bogen ist ein sehr guter – zu gut, um ein »Fiedelbogen« genannt zu werden. Wollt ihr den Bogen sehen, womit Hans seine »Fiedel« spielt? Hier ist er. – Er blickt zu Gott hinauf, um Hilfe von ihm zu erwarten, und versucht, stets sein Bestes zu tun, was immer er auch zu tun hat. Er hat dies als den besten Weg herausgefunden, um alle Melodien zu spielen. Das bisschen Musik, was er seiner armen, alten »Fiedel« entlocken kann, hört sich folgendermaßen an – hier sind ein oder zwei Striche davon:

Wär ich Schuhflicker, so wär es mein Stolz,
der beste der Flicker zu sein.
Wär ich Holzhacker, so hackt' ich das Holz –
wie keiner, so eben und klein.

Da Pflüger ich bin, so pflüg ich drauflos
und ziehe die Furchen gradaus,
und lege die Hände nicht in den Schoß,
bis die Abendglock ruft nach Haus.

Große Zecher halten sich für große Männer

Wunderbare Männer und weiße Ratten sind nicht so selten, wie die meisten meinen. Über Herrn Gladstone[7] und Lord Beaconsfield[8] und jenen klugen Staatsmann, den Fürsten Bismarck, mag man denken, wie man will, aber Peter und Thomas und Hinrich und noch viel

7 A. d. H.: William Ewart Gladstone (1809–1898), britischer Premierminister.

8 A. d. H.: (1804–1881), britischer Premierminister, besser bekannt unter seinem bürgerlichen Namen Benjamin Disraeli.

mehr Leute, die ich kenne, könnten jenes Amt unendlich viel besser verwalten – so *meinen* sie wenigstens, und sie möchten es gern probieren. Große Männer gibt es so viele wie Mäuse auf dem Kornboden. Jedes Dorf hat einen oder zwei bewunderungswürdige Männer; ja, in den meisten Wirtshäusern gibt es wenigstens einen, gewöhnlich zwei; und ich habe gehört, dass man samstags, wenn der »Weiße Bär« gut gefüllt ist, wohl zwanzig der größten Männer der Welt in der Schankstube sehen kann, die sich alle mithilfe der Bierkrüge noch größer machen. Wenn das Glas gefüllt und häufig geleert ist, so meint der Schmied, dass er eigentlich Ministerpräsident sein müsste. Fuhrmann Meier hat ein Mittel entdeckt, um alle Steuern abzuschaffen, und Hinz, der Kammerjäger, brüllt:

Sie sind all zusammen Narren,
schieben in den Dreck den Karren;
hörten sie doch nur auf mich,
bessern würde alles sich.

Wenn ihr Lust habt, diese großen Männer zu hören, so braucht ihr nicht erst in die Schenke hineinzugehen – ihr könnt sie draußen schon vernehmen; gewöhnlich schwatzen vier oder fünf von ihnen durcheinander – und jeder so flüsternd, dass es wie Brüllen klingt. Was für einen Redefluss haben sie! Er nimmt kein Ende, und es ist schade, dass er je einen Anfang nahm. Es ist nämlich meistens ziemlich viel Schmutz dabei, wenn sie über Politik reden, und darüber brechen sie dann alle in lautes Gelächter aus. Ein paar Abende in solcher Gesellschaft würde das Gemüt des besten jungen Mannes in der ganzen Gegend vergiften. Es freut mich zu sagen, dass diese großen Männer um 22 Uhr fortgeschickt werden müssen, denn dann werden unsere Wirtshäuser geschlossen. Das ist nicht zu früh, dessen bin ich sicher.

Alles – und sei es auch noch so klein – reicht aus, um einen Mann in gewissen Kreisen berühmt zu machen; ein Kerl schlug einem anderen bei einem Wettkampf ein Auge aus; ein anderer verschlang zweimal so viel Pudding, wie vier Schweine hätten verzehren können; ein dritter stand auf dem Kopf und trank ein Glas Bier; und um solcher Dinge willen halten ihre Zechbrüder und die Leichtgläubigen des Dorfes große Stücke auf diese Leute. Kleine Dinge gefallen kleinen Seelen, schmutzige Dinge gefallen schmutzigen Seelen. Wenn ich einer dieser bewundernswerten Kerle wäre, so erfragte ich den nächsten Weg zu einem Ort, wo mich niemand kennen würde.

Wenn ich nun einmal dabei bin, will ich noch einige andere wunderbare Persönlichkeiten nennen, die sich mitunter herablassen, um auf einen Pflüger wie mich herabzusehen, aber ehe ich sie erzürne, möchte ich ihnen einen Vers aus einem Lied meines Onkels weitergeben, den ich ein wenig zurechtgeformt habe:

Ich hoff, es wird nicht übel g'nommen,
es ist gemeint zu Nutz und Frommen,
und, wenn ihr's freundlich überdenkt,
verzeiht der Hand, die Pflüge lenkt.

Früher pflegte ich ganz verblüfft zu werden, wenn ich von einem erstaunlich klugen Mann hörte, aber nun bin ich es gewöhnt, wie die Krähe zu der Vogelscheuche sagte, als sie herausfand, dass sie nur ein ausgestopftes Nichts war. Wie das Bild, das aus weiter Entfernung am besten aussah, so ist es mit den meisten klugen Gesellen. Sie sind Schwäne, wenn ihr noch eine halbe Stunde Fußweg bis zu ihnen vor euch habt, aber Gänse, wenn ihr ihnen nahe kommt. Manche Leute wissen zu viel, um weise sein; ihr Kessel geht hoch, weil sie mehr Dampf haben, als sie brauchen können. Sie wissen zu viel, und da sie über die Spitze der Leiter hinausgegangen sind, so kommen sie auf der anderen Seite wieder herunter. Menschen, die wirklich weise sind, halten sich nicht selbst dafür; einer von ihnen sagte mir neulich:

Ich meinte, alles längst zu wissen;
je mehr ich weiß, hab ich erkennen müssen,
dass ich nur umso wen'ger weiß.

Peter Simpel ist übel dran in einer Welt wie dieser, aber aufs Ganze gesehen kommt er doch besser weg als ein Geselle, der überklug ist. Jede Maus muss heutzutage ihre Augen offen haben, denn es gibt viele und ungewöhnlich schlaue Katzen; und doch merkt euch, was ich sage: Die meisten Mäuse, die gefangen werden, sind die überklugen. Wie es auch zugehen mag – in einer Welt wie der unseren kommt nichts dabei heraus, wenn man so »superweise« ist. Die, welche sich auf so viele Kunstgriffe verstehen, stellen zuletzt fest, dass all diese Machenschaften wieder auf sie zurückfallen. Mein Nachbar Schulz war – wie er meinte – viel zu klug, um wie der arme, einfältige Peter den Pflug zu führen. Deshalb begann er zu spekulieren und spekulierte so lange, bis er in einem der stattlichsten Gebäude des Landes untergebracht wurde, wo er für die nächsten sechs Monate mit Wolle zum Spinnen und einer Kurbel zum Drehen versorgt wird. Es wäre besser für ihn gewesen, wenn er einfältiger gewesen wäre, denn seine Gerissenheit hat ihn seinen guten Namen gekostet.

Ich weiß, der alte Spruch lautet:

Ein Schlaukopf baut ein Haus so fein,
mit einem Kniff, ohn' Mörtel und ohn' Stein.

Dennoch geht alles so ziemlich denselben Weg wie früher, und Ziegelsteine und Mörtel werden immer noch gebraucht.

Ich sehe dann und wann in den Zeitungen, dass einige von den klugen Herren, die Schwindelgesellschaften gegründet haben, vor Gericht erscheinen müssen. Es geschieht ihnen recht! Mögen sie dahin gehen, wo mein Nachbar Schulz ist, alle miteinander. Wie mancher arme Geschäftsmann ist durch sie bis über beide Ohren in Not geraten! Ich hoffe, in Zukunft werden alle Leute diesen »sauberen Gesellschaften«, diesen gerissenen Firmenlenkern, diesen »feinen Herren« aus dem Weg gehen! Man wird weder plötzlich reich noch auf einen Schlag gut. Es ist alles Schwindel, wenn jemand euch überreden will, dass er eine Art kenne, Geld zu verdienen, indem man mit den Augen zwinkert. Wir haben alle von dem Plan gehört, Butter aus Schlamm zu machen, aber wir beabsichtigen, beim Melken der Kühe zu bleiben, denn unter uns gesagt: Es kommt uns so vor, als wenn die Pläne von Überklugen und denen, die den Verstand verloren haben, sich ähnlich sehen, als seien sie zwei Erbsen in einer Schale.

Die schlimmste Art von »klugen Leuten« sind die, welche alles besser wissen als die Bibel und so gelehrt sind, dass sie glauben, die Welt habe keinen Schöpfer gehabt, und die Menschen seien nur Affen, die ihren Schwanz abgerieben hätten. Wahrhaftig, so hörten wir früher den verrückten Veit reden, aber nun hören wir das von Leuten, die allgemein als klug gelten. Wenn die Dinge sich so weiterentwickeln, wird ein armer Bauer nicht mehr unterscheiden können, wer der Verrückte und wer der Philosoph ist. Mir für meinen Teil scheint es sehr viel leichter, der Bibel zu glauben, als die neuen Lehren für wahr zu halten. Mancher Tropfen guter Suppe wird in einem alten Topf gekocht; mancher süße Trost kommt aus der alten Lehre. Mancher Lump ist gestorben, seit ich zuerst meine Augen öffnete; jeder dieser Lumpen hat seinen Tag gehabt, aber in all diesen Tagen zusammen haben sie nie einen wirklichen Fehler in der Bibel aufgestöbert oder etwas Besseres an ihre Stelle gesetzt. Sie mögen sehr klug sein, aber sie werden keine Wahrheit finden, die fester gegründet ist als die, welche Gott lehrt, und keine bessere Erlösung als jene, die Jesus gebracht hat. Weil ich daher mein Leben in dem Evangelium finde, will ich darin leben – und damit endet dieses Kapitel.

Zwei Hunde streiten um einen Knochen, und ein dritter läuft damit fort

Wir haben alle von den beiden Leuten gehört, die sich um eine Auster zankten und vor einen Richter traten, der den Streit schlichten sollte; dieser aß die Auster und gab jedem der Streitenden eine Schale. Dies erinnert mich an die Geschichte von der Kuh, über die zwei Landwirte sich nicht einig werden konnten; deshalb kamen die Anwälte dazwischen, melkten die Kuh

und ließen sich für ihre Mühe, die Milch zu trinken, obendrein bezahlen. Wenig wird durch Rechtsstreitigkeiten gewonnen, aber viel verloren. Was vor Gericht ausgehandelt werden soll, mag länger dauern als irgendetwas, was du bei einem anderen Handel gewinnst; vielleicht ist es mit dir zu Ende, ehe der Prozess zu Ende ist. Es ist weit besser, sich auf einen Vergleich zu verständigen und dem Gericht fernzubleiben, denn wenn ihr die Sache da anhängig macht, so bleibt ihr an Dornen hängen und kommt nicht ohne Schaden heraus. Mir bricht der kalte Schweiß aus bei dem Gedanken, Anwälten in die Hände zu fallen. Mir ist nicht bange vor dem Weg nach Jericho, aber ich fürchte die Herren auf dem Weg, denn sie lassen selten eine Feder an irgendeiner Gans, die sie zu fassen bekommen.

Indes, wenn die Menschen darauf bedacht sind, vor Gericht zu ziehen, dürfen sie nicht die Anwälte tadeln; wenn die Prozesse billiger wären, würden streitsüchtige Leute noch mehr prozessieren, und auf lange Sicht gäbe man ebenso viel aus. Mitunter werden wir indes gegen unseren Willen in den Gerichtshof geschleppt, und dann ist es notwendig, klug wie die Schlangen und ohne Falsch wie die Tauben zu sein. Glücklich ist der, welcher einen ehrlichen Anwalt findet und nicht versucht, dessen einziger Mandant zu sein. Ein guter Anwalt versucht immer, die Leute von Prozessen zurückzuhalten, aber einige Mandanten gleichen den Motten, die vom

Licht angezogen werden: Sie müssen und wollen sich verbrennen. Wer so weise ist, dass er sich nicht belehren lässt, wird für seinen Hochmut zahlen müssen.

Mögen sich die Hunde beißen
und den Knochen büßen ein;
mögen Raubtier' sich zerreißen –
mir sei nichts damit gemein.

Traurig ist's zwar, Unrecht dulden,
doch wird's besser nicht im Streit;
so vermehren sich die Schulden,
mehrt sich nur das Herzeleid.

Er wollte den Finger in den Pudding stecken und brannte sich dabei den Nagel ab

Einige Leute müssen ihren Finger in jeden Pudding stecken oder – wie man sagt – ihr Ruder in jedermanns Boot haben. Sie scheinen kein anderes Geschäft zu haben als das, ihre Nase in das Geschäft anderer Leute zu stecken; sie müssten eigentlich eine Plattnase haben, denn es ist doch ziemlich gewiss, dass sie eins draufbekommen.

Diese Leute kommen jedem in die Quere. Sie haben ihre Augen überall und mischen sich immerzu ein. Sie kommen ungebeten daher und bleiben bei euch stehen, auch wenn ihr sie nicht eingeladen habt. Man kann sie nicht loswerden – es sei denn, dass man sie achtkantig hinauswirft. Doch kaum habt ihr dies getan, so rappeln sie sich auf und – erscheinen hoffentlich nicht wieder an eurer Tür. Niemand hat sie beauftragt, und doch geben sie ihre Ratschläge häufiger weiter, als Anwälte es tun. Und obwohl sich niemand bei ihnen bedankt, sind sie da; sie spähen durch Schlüssellöcher und Dachritzen. Sie verstehen es meisterhaft, Fragen zu stellen, als wollten sie euch den Katechismus beibringen, und sind so eifrig darauf bedacht, ihre Meinung weiterzugeben, als hättet ihr sie auf Knien darum gebeten.

Diese Leute gleichen Apportierhunden; sie flitzen hin und her wie die Stare, die ihre Jungen füttern. Sie machen viel Lärm, aber Gutes kommt dabei nicht heraus – höchstens Unheil. Wenn irgendjemand solche Leute zu seinen Bekannten zählt, kann er zu Recht sagen: »Bewahre mich vor meinen Freunden!«

Ich erinnere mich sehr gut an die Worte eines weisen alten Quäkers: »Hans«, sagte er, »beschäftige dich nicht mit dem, was dich nichts angeht.« Diese Lektion habe ich gelernt, und ich habe beschlossen, mich nicht um den Schmutz des Viehs meines Nachbarn zu kümmern, weil ich mich dann selbst bald waschen muss. In unserem Dorf gibt es eine Frau, die an allen etwas auszusetzen hat, und alle beschweren sich dementsprechend über sie. Man sagt, sie habe ein loses Mundwerk. Wenn sie nur ihre Zunge im Zaum halten könnte, wäre sie schon recht glücklich, doch genau dies ist das Problem.

Der Schäfer Wilm saß ganz still da, während andere ihre Nachbarn schlechtmachten. Schließlich platzte es aus einem von diesen Kerlen heraus: »Schau dir den alten Wilm an, er ist stumm wie ein Fisch. Liegt das daran, dass er klug ist, oder ist er ein Narr?« »Nun hör mal zu«, sagte Will, »du kannst diese Frage klären, wie du willst, doch ich habe gehört, dass nur ein Narr immerzu redet.« Wilm gilt bei vielen als komischer Kauz, doch er ist ihnen ebenbürtig, ohne dies beweisen zu müssen. Eines ist gewiss: Er gibt sehr wenig auf ihre Worte, solange sie seine Schafe in Ruhe lassen.

Wenn gewisse Leute euch in eure Angelegenheiten hineinreden, ist es am besten, ihnen keine Beachtung zu schenken. Nichts ist besser geeignet, sie in die Schranken zu weisen, als ihnen an Ort und Stelle Einhalt zu gebieten. Sie nehmen den größten Anstoß, wenn ihr sie weder kränkt noch euch von ihnen kränken lasst. Ihr könnt ebenso gut versuchen, alle Frösche vom Quaken abzuhalten, wie ihrem nichtigen Geschwätz Einhalt zu gebieten, wenn sie einmal in Fahrt gekommen sind. Haltet euch die Ohren zu und lasst sie schwatzen, solange sie wollen; vielleicht hören sie ja vor Erschöpfung von selbst wieder auf. »Wo es an Holz fehlt, erlischt das Feuer«, und wenn ihr nicht dergleichen tut, können sie keine Holzscheite nachlegen. Behandelt sie freundlich, aber gönnt ihnen nicht das Vergnügen, euch in einen Streit hineingezogen zu haben. Jagt dem Frieden nach mit allen, selbst wenn ihr den Streit nicht verhindern könnt.

Ein Mann kann sein Haus lieben, auch wenn er nicht auf dem Giebel reitet

Man kann sein Haus lieben und braucht doch nicht auf dem Giebel zu reiten; es gibt einen Mittelweg bei jeder Sache. Man kann seine Frau lieben, ohne ihr Sklave zu sein; man kann seine Kinder sehr lieb haben, ohne ihnen in allen Dingen ihren Willen zu lassen. Einige Leute sind so seltsamer Art, dass sie ihrem Unsinn keine Grenzen setzen können. Wenn sie Rinderbraten lieben,

so müssen sie unbedingt auch den Bratspieß mit verschlingen; sie können sich nicht damit begnügen, den Pudding zu essen, sie müssen auch das Tuch herunterschlucken, mit dem er abgedeckt war. Wenn sie etwas nicht mögen, so fangen sie beim bloßen Geruch desselben an zu knurren, und wenn sie es mögen, so müssen sie es überall und allezeit haben, denn nichts anderes ist auch nur halb so gut.

Was sie ergreifen, das ergreift sie, und für eine Weile können sie bei nichts anderem verweilen.

Man kann eine gute Sache widerwärtig machen, wenn man immer dieselbe Leier von morgens bis abends spielt. Eine Henne mit einem Küken kratzt und gluckt ohne Ende – und ebenso ein Geselle mit nur *einem* Gedanken. Er ist davon wie besessen und liegt dir damit immer in den Ohren, und wenn du nicht mit ihm übereinstimmst, so hält er dich für seinen Feind. Wenn du ihm begegnest, so bist du unglücklich, und wenn du ihn verlässt, so triffst du es besser, wohin du auch gehst: Diesmal tut »Scheiden und Meiden« nicht weh.

Ein Bekannter von mir pflegte jeden Tag seines Lebens gewisse Magenpillen zu nehmen, und wenn ich ihn besuchte, so war ich keine zehn Minuten da, bis er mir eine Dosis anbot, aber ich konnte weder seine Worte noch seine Pillen schlucken. Deshalb sagte ich ihm, ich glaubte wohl, dass sie für ihn sehr gut seien, aber sie sagten meinem Körper nicht zu; indes fuhr er mit diesem Thema fort, bis ich froh war wegzukommen.

Mein Herr hatte ein vortreffliches Pferd, das viel Geld wert war, nur dass es immer vor einem Steinhaufen auf der Straße scheute, und wenn fünfzig Haufen da waren, so sprang es jedes Mal seitwärts. Es hatte Haufen in seinem Gehirn, das arme Geschöpf, und obwohl es für die Kutsche eines Edelmanns gepasst hätte, musste es nun doch vor den Pflug gespannt werden. Einige Leute haben Steinhaufen in ihrem Schädel; das verdirbt sie fürs ganze Leben und bringt alle in Gefahr, die mit ihnen zu tun haben. Was für wunderliche Fische gibt es in unserem Teich! Ich fürchte, dass wir alle irgendwo »einen Sparren zu viel« haben, aber wir zeigen es nicht alle so sehr, wie einige es tun. Wir sollten viel Geduld haben, dann würden wir uns trefflich ergötzen, wo wir uns sonst zu Tode ärgern. Einer meiner Kameraden behauptet, die Erde sei nicht rund, und ich gehe immer auf seine Idee ein und sage ihm, die Erde sei ganz flach und sein Verstand nicht minder.

Es ist ganz gut, wenn einer sein Geschäft und sein Haus liebt, aber es muss Vernunft bei allen Dingen sein. Wenn einer meint, sein Platz sei für ihn zu niedrig, so wird er bald zu niedrig für den Platz sein. Bei alledem ist eine gute Meinung von dem eigenen Beruf keineswegs etwas Verwerfliches; niemand kann jedoch überall mitreden, und kein Geschäft soll sich im Vergleich zu allen übrigen als das wichtigste vorkommen. Der Schuhflicker hat seine Ahle, aber er ist nicht alles, und auch der Hutmacher hat etwas auf dem Kopf, aber er ist kein König. Ein Mann kann zum Markt gehen, ohne meine Zwiebeln zu kaufen, und man kann auch mit anderen Pferden pflügen, obgleich mein Schimmel und mein Brauner sich sehen lassen dürfen. Die Interessen des Landwirts kommen ohne Zweifel zuerst – und ebenso die des Sattlers, und ebenso die des Kesselflickers, und ebenso die des Kaufmanns, und ebenso die des Tuchhändlers, und ebenso die des Pastors, und ebenso die des Küsters, und ebenso die Interessen jeden anderen, wenn es nämlich nach den Reden eines jeden geht.

Dein Stand ist gut – da hast du recht,
doch andrer Amt ist auch nicht schlecht.
Drum fordre nicht, dass alle sich dir beugen
und Ehrfurcht dir allein bezeugen.

Es ist erstaunlich, wie viel Aufhebens die Menschen um Kleinigkeiten machen. Sie sind sehr geschäftig, aber nur mit Fliegenfangen. Sie schwatzen von einem Pilz, bis ihr glaubt, der wäre das Einzige auf der Tafel des Grafen gewesen, als ob es keinen Rinderbraten und keine Truthühner gegeben hätte. Sie sagen nichts von den gebratenen Küken, denn sie sind so verliebt in die Petersilie, die als Beilage das Ganze verzierte. Sie können die

Dinge nicht an ihrem Ort lassen, sondern machen mehr aus dem Schwanz eines Pferdes als aus seinem ganzen Körper. Ist etwas zufällig nach ihrem Geschmack, so hat es nicht seinesgleichen im ganzen Land – nein, auch nicht in Amerika oder Australien. Eine Ente plätschert nicht immer in derselben Gosse, aber diese Leute tun es, denn – o du meine Güte! – sie halten das Betreffende ja nicht für eine Gosse, sondern für einen Strom, wenn nicht für das Weltmeer. Sie müssen entweder auf dem Dachgiebel reiten oder das Haus niederbrennen. Sehr viele Menschen lieben ihre Hunde, aber *diese* Leute nehmen sie mit ins Bett. Andere Landwirte mästen das Kalb, aber *diese* Leute fallen nieder und beten es an, und – was noch schlimmer ist – sie streiten erbittert mit jedem, der nicht ebenso hoch von ihrem Götzen denkt wie sie.

Es wird lange dauern, bis alle Menschen weise werden, aber es wird diese Zeit herbeiführen helfen, wenn wir beginnen, selbst weise zu werden. Lasst uns darauf bedacht sein, dieser Welt und ihren Dingen keine zu große Bedeutung beizumessen. Wir sollten sie gebrauchen, aber nicht missbrauchen; wir sollen *in* ihr leben, aber nicht *für* sie; wir sollen unser Haus lieben, aber nicht auf dem Giebel reiten. Für unser tägliches Brot und unsere tägliche Arbeit müssen wir sorgen, und doch dürfen wir uns um irdische Dinge nicht sorgen. Wir dürfen dem Leib nicht erlauben, die Seele am Irdischen genug sein zu lassen; wir müssen vielmehr die Glieder des Leibes in den Dienst des Geistes stellen. Die Welt darf uns nicht beherrschen, wir müssen wie Könige regieren, wenn wir auch nur Pflüger sind, und aufrecht stehen, wenn auch in der Welt das Oberste zuunterst gekehrt werden sollte.

Jeder Vogel liebt sein eigenes Nest

Es freut mich, wenn ich sehe, wie die Vögel ihr eigenes kleines Heim lieben. Ohne Zweifel denkt jeder, dass sein eigenes Nest das allerbeste ist; und das ist es auch für ihn, so wie mein Haus für mich der beste Palast ist – für mich, den König in der Hütte *Zufriedenheit*. Ich will nichts mehr verlangen, wenn die Vorsehung nur fortfährt, mir zu geben …

... ein kleines Feld, gut bestellt,
ein kleines Haus, gut gefüllt,
ein kleines »Weib«, gut gewillt.

Die Franzosen mögen in ihren Kaffeehäusern leben, aber wir leben am liebsten daheim. »Wenn Knaben nicht mehr Kuchen wählen / und Mädchen nicht mehr Herzen stehlen / und Anwält' nicht mehr Geld verdienen / und Blätter nicht an Bäumen grünen«, dann will Hans Pflüger aufhören, sein eigenes teures Heim zu lieben. Er hört gern zu, wenn eine sanfte Stimme die Vorzüge des eigenen Hauses besingt.

Leute, die an ihrem eigenen Heim keine Freude haben, sind ein wunderliches Volk – jedenfalls sind sie nicht so gut, wie sie sein sollten. An seiner eigenen Tür ist jeder Hund ein Löwe, und ein Mann sollte am meisten von denen halten, für die er der Größte ist. Frauen sollten das Haus bewahren und daheim bleiben. Der Mann ist zu bedauern, der in die Familie von Fräulein Landläufer eingeheiratet hat. Frau Schnattergans und ihre Freundin, Frau Flitterstaat, könnten wohl ihre Männer ins Amtsgefängnis treiben, wo diese Schutz suchen, doch es kann kein Friede sein, wenn es solche Störenfriede gibt.

Die Frau, deren Mann seine Abende mit zweifelhaften Gesellen in der Schenke verbringt, ist so schlecht dran wie eine Sklavin; und wenn aufgrund eines Staatsgesetzes die meisten dieser Häuser des Verderbens geschlossen werden, so wird dies ein Gesetz sein, das solche Frauen aus ihrem Sklavendasein befreit. Angesehene Ehemänner können nicht zu viel von ihrem Haus halten, und wenn ihre Frauen dasselbe behaglich machen, werden sie bald stolz darauf sein. Wenn gute Väter mit ihren Kindern zusammen sind, dann sind sie so vergnügt wie die Mäuse im Malz. Unser Klaas Krakeeler sagt, er sei seines Hauses müde, und das Haus sieht in der Tat aus, als ob es seiner ebenfalls müde wäre, denn es würde »sich gern selbst verlassen« und weggehen, wenn es nur wüsste, wohin, und würde »gern vor sich selbst davonlaufen«, wenn es nur wüsste, wie. Klaas Krakeeler wird nie müde werden, Gutes zu tun, denn er hat nie damit begonnen. Wie würde sich das Ganze ändern, wenn er glauben könnte, dass der beste Platz in der Welt der Platz am eigenen Herd ist. Ich weiß, dass es so ist, und viele andere wissen es auch.

Ob Norden, Osten, Süden, Westen –
zu Hause ist es doch am besten.

Was lockt doch so viele Leute heraus, die besser wissen könnten, was recht ist? Sie haben nette Frauen und liebe Kinder und behagliche Häuser und stehen weitaus besser da als wir armen Bauern, doch müssen sie abends außer Haus sein. Weshalb? Gewiss, es kann nicht wegen der Gesellschaft sein, denn die Gemeinschaft mit der Frau, die du liebst – der Mutter deiner Kinder –, wiegt alle Gesellschaften auf, die je zusammenkamen. Ich fürchte, diese Leute sind da, wo man Karten spielt und den Verstand wegspült. Wenn es so ist, dann ist es eine große Schande, und die, welche dessen schuldig sind, sollten gezüchtigt werden. O dieses Trinken, dieses Trinken!

O du meine Güte, was für Zeug gießen die Leute in sich hinein! Selbst wenn ich vergiftet werden sollte, würde ich doch wissen wollen, welchen Trank man mir gäbe. Eine Tasse Tee zu Hause bekommt den Leuten viel besser als alles Gebräu, das man anderswo bekommt. Es geht nichts über das, was zu Hause »gebraut« wird, und der beste Maischbottich, worin es zubereitet werden kann, ist der alte irdene Teetopf. Unsere kleinen Kinder singen: »Bitte, Vater, komm nach Haus!«, und Hans Pflüger vereinigt sich mit Tausenden kleiner Kinder in dieser einfachen Bitte, die jeder Mann, der wirklich ein Mann ist, fröhlich gewähren sollte. Ich liebe es, wenn Mann und Frau sich danach sehnen, dass sie einander wiedersehen.

Gefährten in der Arbeit, lasst es so bei euch und euren Frauen sein! Kommt nach Hause und bringt euren Verdienst mit; macht euch glücklich, indem ihr jeden um euch her glücklich macht.

Mein Drucker stößt mir mit dem Ellbogen in die Seite und sagt: »Es ist genug, mehr Text passt nicht hinein.« Darum muss ich über manches hinweggehen, aber ich kann nicht aufhören, Gott für seine Güte gegenüber mir und den Meinen und allen meinen Mitarbeitern zu preisen, denn es ist seine große Gnade, dass er uns in unserem Vaterland wohnen lässt und mit so vielen Wohltaten überhäuft.

Wie segnet, Herr, uns Deine Hand,
wie trägt der Acker goldne Frucht,
wie reiche Nahrung bringt das Land
für uns und für der Herden Zucht.

Du segnest Wiesen uns und Feld,
Du schmückest Berge uns und Tal,
Du füllest diese weite Welt
mit Gaben ohne Maß und Zahl!

Für dieses alles danken wir
und bitten Dich, verleihe uns,
dass wir auch bringen Früchte Dir,
wie Frucht die Erde bringt für uns.

Er lebt unter dem Pantoffel

Einst wurde die Frage aufgeworfen, wann ein Mann heiraten sollte. Die scherzhafte Antwort war, es sei für junge Männer zu früh und für alte Männer zu spät. Dies ist ganz schön, aber es hilft nur nicht. Sowohl die Weisheit als auch die Torheit der Menschen scheinen sich zu vereinigen, um über diese Lehre zu spotten. Die Menschen sind solche Narren, dass sie heiraten müssen und wollen, selbst wenn sie Narren heiraten. Es ist weise zu

heiraten, wenn wir mit Weisheit heiraten können, und dann gilt: Je eher, desto besser. Eine Aussage darüber, wie viele bei der Wahl des Lebensgefährten verständig entscheiden, steht mir nicht zu, aber ich fürchte, dass in vielen Fällen die Liebe blind ist und eine sehr blinde Wahl trifft. Ich glaube nicht, dass einige je heiraten würden, wenn die Liebe bei Verstand wäre. Es ist ein Rätsel, wie gewisse Personen je einen Gefährten fanden – wenngleich wir einräumen, dass der Geschmack verschieden ist. Indes, wie man sich bettet, so liegt man, und wie man den Knoten bindet, so ist man dadurch gebunden. Wenn ein Mann einen Drachen fängt oder sich von einem Drachen fangen lässt, so muss er seine Dosis Drachengift nehmen und so wenig saure Gesichter wie möglich schneiden. Wenn ein dreibeiniger Stuhl durch die Luft geflogen kommt, so muss er dankbar sein für ein so deutliches Liebeszeichen von der Frau seiner Wahl: Das Beste, was er tun kann, ist, sich darauf zu setzen und auf die nächste Kleinigkeit zu warten.

Ein rechtschaffener Mann wird gewöhnlich eine rechtschaffene Frau haben oder einer Frau helfen, all ihre schlechten Verhaltensweisen abzulegen. Man sagt, eine selbst gewählte Last ist niemals schwer zu tragen, aber mir scheint, dass einige Männer mit Unglück beladen sind, sobald sie eine Frau zu tragen haben. Doch es heißt ja:

Ein frommes »Weib«, des Lebens Heil,
man findet's aber selten feil.

Eine tüchtige Frau ist eine Freude, ein Schatz und ein unendlicher Trost. Eine in Ehren gehaltene Frau und gute Gesundheit sind eines Mannes bester Reichtum, und wer den besitzt, sollte niemanden beneiden. Selbst wenn eine Frau ein wenig scharf ist, so ist das besser, als wenn sie gar keinen Elan hat und ihr Haus zu einer Schmutzhöhle macht. Eine zänkische Frau ist besser als eine Schlampe, obgleich man mit beiden elend genug daran sein kann. Wenn sie eine tüchtige Hausfrau ist und gut nach den Kindern sieht, so kann man sich schon hier und da eine Standpauke gefallen lassen, obschon eine sanfte und von Herzen kommende Ermahnung sehr viel besser wäre. Ein Mann sitzt wirklich in der Klemme, wenn er mit einer regelrechten Xanthippe zusammengepfercht ist; man könnte ihm ebenso gut die Haut abziehen und ihn bis an den Hals in einer Tonne mit Salzlake einpökeln. Habt ihr je das Lied der Xanthippe gehört? Lest es, ihr jungen Leute, die ihr euch in den Stand der Ehe begeben wollt, und überlegt zweimal, ehe ihr einmal heiratet.

Wenn morgens ich das Aug' aufschlag
und es begrüßt den neuen Tag,
eh noch mein Mann erhebet sich,
schelt ich ihn aus – dann bete ich.

Wenn ich bei Tisch sitz – einerlei,
wie immer auch das Essen sei,
erst schelte ich, dann sag ich Dank
dem Herrn für Speise und für Trank.

Zu fett, zu dürr, zu heiß, zu kalt,
zu roh, zu gar, zu jung, zu alt –
nur klagen will ich immerfort,
zu tadeln weiß ich hier und dort.

Sei's Vogel, sei es Fleisch, sei's Fisch –
nie soll man sagen über Tisch,
dass ich nicht Fehler finden kann
an Schüsseln und an Magd und Mann.

Doch wenn ich nun zu Bette geh,
ist trüb mein Sinn, und mir ist weh,
dass mein Vergnügen endet dann,
dass ich im Schlaf nicht schelten kann.

Indes, ich still mein Herzeleid
und tröst mich in der Traurigkeit,
dass, wenn ich heute nicht mehr kann,
ich morgen früh fang wieder an.

Wenn der Mann nicht seinen Mann steht und die ihm zugedachten Aufgaben nicht übernimmt, verwundert es nicht, wenn die Frau »die Hosen anhat«; die Stute kann leicht das beste Pferd sein, wenn das andere Pferd ein Esel ist. Wohl mag es der Frau vorkommen, dass sie Meister und Herr ist, wenn sie das Brot für die Familie verdienen muss, wie es zuweilen der Fall ist, doch sie sollte nicht das Haupt sein. Man muss allerdings sagen: Was für armselige Topfgucker würden viele Männer ohne ihre Frauen sein! Wie der arme Konrad sagt, der nicht richtig bei Verstand ist und alles durcheinanderbringt: »Wenn Jakobs Frau eine Witwe wird, wer wird den Kuchen für ihn in Stücke schneiden; und wird es dann überhaupt noch Kuchen geben?« Es ist etwas Großes, wenn die Frau ihren Platz kennt und an demselben ihre Aufgaben wahrnimmt, und wenn Mann und Frau in allen Stücken zusammengehen. Dann ist die Frau in der Tat eine Gehilfin und macht das Haus zum Heim. Der alte Tusser sagt dazu:

Wenn der Mann nicht zu Haus, lasst die Frau regiern,
über Knechte und Mägde die Aufsicht führn,
sie heißet die Hausfrau, sie hütet das Haus,
und späht nach Verdienst wie die Katz nach der Maus.

Er nimmt es sehr genau damit, dass viele von den Geschäften des Haushalts Sache der Frau sind, und schreibt:

Geht beide nicht zugleich hinaus –
du, Hausfrau, bleibe hübsch zu Haus.

Wie der alte Mann und die Frau in dem Wetterhäuschen, welches mancherorts zu finden ist und das Wetter anzeigt, so muss einer von beiden immer drin sein, wenn der andere herauskommt. Wenn der König abwesend ist, muss die Königin zu Hause regieren; wenn er zu seinem Thron zurückkehrt, so sollte er auf sie blicken, als sei sie seine Krone, und er sollte sie schätzen – mehr als Gold und Juwelen. Er sollte sich sagen: ›Wenn es nur *eine* Frau in der ganzen Welt gibt, welche die anderen übertrifft, so habe *ich* sie bekommen.‹ Hans Pflüger hat schon lange so von seiner Frau gedacht, und nach 25 Jahren Ehe ist er dessen gewisser als je zuvor. Er wagt zu behaupten, dass es keine bessere Frau auf der ganzen Erde gibt als seine eigene Frau, die er sehr, sehr liebt. Glücklich ist der Mann, der mit seiner Frau glücklich ist! Möge er sie lieben wie sich selbst und noch etwas darüber hinausgehen, denn sie ist seine »bessere Hälfte«.

In einem Fall wundere ich mich allerdings nicht, wenn die Frau ihren Mann unter den Pantoffel bringt – und zwar dann, wenn er sich ins Wirtshaus schleicht und seinen Verdienst vertrinkt. Selbst dann ist Liebe und Sanftmut die beste Art, ihn nach Hause zu bringen, aber die Wahrheit ist, dass einige Säufer kein Empfinden für die angerichtete Not haben und über Freundlichkeit lachen. Deshalb kann niemand überrascht sein, wenn die arme Frau sich aufrafft und ihrem »Herrn und Meister« eine Standpauke hält. Nichts stellt die eheliche Liebe auf eine härtere Probe als die Schenke: Verdienst vergeudet, Frau vernachlässigt, Kinder in Lumpen – wenn sie ihm gehörig die Meinung sagt, wer kann sie tadeln? Stell ihn nur ordentlich zur Rede, liebe Frau, und lass ihn sich schämen, wenn du ihn dahin bringen kannst. Kein Wunder, dass ihr wie Hund und Katze lebt, solange er ein solch »leidiger Hund« ist.

Dennoch kannst du ebenso gut nach Hause gehen und ihm ein besseres Beispiel geben, denn zwei Schwarze ergeben keinen Weißen, und wenn du ihn auch in die heiße Wanne steckst, so wird er sicherlich irgendwelche Spirituosen finden, die er mit dem Badewasser mischt.

Hüte dich vor dem Hund

Hans Pflüger hat in seinem ersten Buch seine Freunde nicht mit Predigen müde gemacht, aber in diesem will er es mit einer Predigt versuchen und hofft, dass man ihm verzeihen wird, wenn sie sich nur als eine Predigt erweisen sollte, die von allen Dorfbewohnern recht verstanden wird.

Wenn dies eine regelrechte Predigt von der Kanzel herab wäre, so würde ich sie natürlich lang und

eintönig machen wie eine Winternacht, weil ich befürchten müsste, dass die Leute mich sonst überspannt nennen würden. Da sie aber nur zu Hause gelesen werden soll, so will ich sie kurz machen, obgleich sie nicht angenehm sein wird, denn ich habe kein gutes Thema. Der Text ist einer, der sehr viele Bedeutungen hat und an mancher Mauer und Tür gelesen wird: »*Vorsicht, bissiger Hund!*« Ihr wisst, was ein Hund ist, und ihr wisst, wie ihr euch in Acht nehmen müsst, wenn eine Bulldogge auf euch zustürzt, so weit ihre Kette reicht. Deshalb brauchen die Worte nicht weiter erläutert zu werden.

Es ist sehr sonderbar, dass die Bibel nie ein gutes Wort für die Hunde übrig hat: Ich vermute, sie müssen in jenen Ländern des Orients in Verruf gewesen sein, oder – wie unser Pastor mir erzählt hat – Hunde waren damals beinahe wild und hatten keinen Herrn, und man ließ sie halb verhungert herumstreunen. Ohne Zweifel hat ein Hund viel Ähnlichkeit mit einem Menschen, und er wird ein elendes Dasein fristen, wenn er sich selbst zum Herrn hat. Es steht um uns alle besser, wenn wir jemanden haben, zu dem wir aufsehen können; und diejenigen, die sagen, dass sie sich um niemanden kümmern und niemand sich um sie kümmert, sind Hunde der schlimmsten Art, und aus einem gewissen Grund ist es nicht einmal wahrscheinlich, dass sie je ertränkt werden.

Liebe Freunde, ich werde meine Predigt gliedern und wie andere Pastoren einleitende sowie Schlussbemerkungen einfügen. Ich habe sicherlich ein Recht dazu, denn diese finden sich in den Themen, die wir betrachten wollen.

Erstens, *hüten wir uns vor schmutzigen Hunden* oder – wie die Bibel sie nennt – »vor den Übeltätern«, die den Schmutz lieben und sich darin wälzen. Schmutzige Hunde werden eure Kleider verderben und euch ebenso unrein machen, wie sie es selbst sind. Man erkennt einen Menschen an seiner Gesellschaft; wenn ihr mit losen, lockeren Gesellen umgeht, so werde ihr charakterlich vom gleichen Schlag und ebenso von der Sünde geprägt sein. Die Leute können es nicht sehr genau mit ihren Unterscheidungen nehmen; wenn sie einen Vogel beständig mit den Krähen fliegen, mit ihnen fressen und Nester bauen sehen, so nennen sie ihn eine Krähe, und in hundert Fällen haben sie 99-mal recht. Wenn du die Meute liebst und gern mit den Hunden läufst, so wirst du die Welt nie davon überzeugen können, dass du ein frommes Lamm bist. Dazu kommt, dass schlechte Gesellschaft einem Menschen wirklich schadet, denn wie das alte Sprichwort sagt: Wer mit Hunden zu Bett geht, steht mit Flöhen wieder auf.

Man kann keinen zu großen Abstand halten zu einem Mann, der hohes Fieber hat, und zu einem Mann, der ein gottloses Leben führt. Wenn eine Dame in schönem Kleid einen großen Hund aus einem Pferdeteich herauskommen sieht und der Hund umherläuft, um sich trockenzuschütteln, so geht sie ihm sehr sorgfältig aus dem Weg. Daraus können wir eine Lehre entnehmen: Wenn wir einen Mann sehen, der schon zu viel getrunken hat und seine schmutzigen Reden wie Gift rund um sich her verspritzt; so ist es am besten, uns wenigstens achthundert Meter von ihm fernzuhalten.

Zweitens, *hütet euch vor allen knurrenden Hunden*! Es gibt genug davon; es sind gewöhnlich sehr kleine Geschöpfe, aber sie machen die Nachteile hinsichtlich ihrer Größe durch ihre Lautstärke mehr als wett, denn sie murren und knurren ohne Aufhören. Der Dichter sagt:

Lasst die Hunde bell'n und beißen,
der sie schuf, hat's sie geheißen.

Aber ich kann eine solche Entschuldigung den zweibeinigen Hunden, von denen ich schreibe, nicht zugutekommen lassen, denn ihre eigene niederträchtige Gesinnung und der Teufel haben sie zu dem gemacht, was sie sind. Sie finden Fehler an allem und jedem. Wenn sie dürfen, heulen sie, und wenn sie es nicht können, legen sie sich nieder und murren innerlich. Hütet euch vor diesen Geschöpfen. Schließt keine Freundschaft mit einem zornigen Mann: Ihr könnt ebenso gut euer Bett aus Brennnesseln machen oder eine Viper als Halsband tragen. Vielleicht ist der Bursche gerade jetzt sehr freundlich dir gegenüber, aber nimm dich in Acht vor ihm, denn der, welcher heute ohne Ursache andere anbellt, wird eines Tages aus einem nichtigen Grund auch dich anknurren. Biete ihm kein Hundehaus auf deinem Hof an, wenn er sich von dir nicht auch an die Kette legen lassen will. Wenn du siehst, dass ein Mensch voll Bitterkeit ist und für niemanden ein gutes Wort übrig hat, so gehe ruhig weg und halte dich fern von ihm, wann immer du kannst. Besser, anderthalb Kilometer Umweg in Kauf zu nehmen, als in eine Auseinandersetzung zu geraten; besser, sich auf einem Dutzend Nägel niederzusetzen, deren Spitzen nach oben gekehrt sind, als mit einem zornigen Nachbarn zu streiten.

Drittens, *hütet euch vor schmeichelnden Hunden*! Sie springen an euch hinauf und lassen die Spuren ihrer schmutzigen Pfoten zurück. Wie lecken sie eure Hand und schmeicheln euch, solange noch Knochen zu haben sind; wie der Liebhaber, der zur Köchin sagte: »Dich sollte ich verlassen, meine Teure? Niemals, solange du noch einen Groschen hast!« Bei zu viel Zucker in der Rede sollten wir Verdacht schöpfen, denn dann ist von wahrer Süße im Herzen sehr wenig zu finden. Wenn ein Mensch euch ins Gesicht lobt, so achtet auf ihn, denn er ist es, der hinter eurem Rücken über euch lachen wird. Wenn ein Mensch sich sehr bemüht, Schmeichelworte weiterzugeben, so erwartet er, dafür bezahlt zu werden, und rechnet damit, seinen Lohn von den Schwachköpfen zu bekommen, die er mit seinen Bemühungen in seinen Bann zieht. Wenn Leute sich bücken, dann geschieht dies gewöhnlich, um etwas aufzunehmen, und die Menschen bücken sich nicht, um euch zu schmeicheln, wenn sie nicht darauf zählen, etwas aus euch herauszubekommen. Wenn ihr zu viel Höflichkeit seht, so ist gewöhnlich eine Falle aufgestellt, und es gilt aufzupassen! Junge Leute sollten vor listigen Schmeichlern auf der Hut sein. Junge Mädchen mit hübschen Gesichtern und ein wenig Geld sollten sich besonders vor den Angebern hüten, die nur auf Oberflächlichkeiten bedacht sind!

Viertens, *hütet euch vor einem gierigen Hund* oder einem Menschen, der nie genug hat! Murren ist ansteckend; ein Unzufriedener bringt andere zum Klagen, und dies ist eine schlechte Gemütsverfassung. Leute, die gierig sind, sind nicht immer ehrlich, und wenn sie eine Gelegenheit sehen, stecken sie ihren Löffel in die Suppe ihres Nachbarn; warum also nicht in eure? Seht, wie geschickt sie einem Kieselstein die Haut abziehen; es wird nicht lange dauern, so werden sie mit euch dasselbe tun, und da ihr nicht so daran gewöhnt seid wie die Aale, so tut ihr besser daran, dem Meister Schinder[9]

9 A. d. H.: Hier Synonym für den Scharfrichter bzw. Henker.

möglichst weit aus dem Weg zu gehen. Wenn ein Mann damit prahlt, dass er niemals etwas weggibt, so könnt ihr das als eine Warnung lesen: »Vorsicht, bissiger Hund!« Ein freigebiger, gutherziger Freund hilft euch, eure Selbstsucht niederzuhalten, aber derjenige, der gierig zugreift, will euch überreden, noch einen Extraknopf auf eure Tasche zu setzen. Hungrige Hunde würgen jedes Stück Fleisch hinunter und sehen sich dann nach mehr um; ebenso verschlingen gierige Menschen Häuser und Höfe und sind dann darauf aus, noch mehr an sich zu reißen. Mir sind diese Tiere zuwider – dabei meine ich sowohl die Hunde im wörtlichen als auch im übertragenen Sinne. Von nichts als von Gold und vom Gelderwerb und von der Sicherung des Vermögens zu schwatzen – man könnte lieber sogleich mit den Hunden leben und über seinen Anteil an einem toten Pferd heulen. Wie schädlich ein niederträchtiger Geizhals dem Herzen eines Menschen sein kann, vermag keine Zunge auszusprechen; es wäre ebenso gut, von einem tollen Hund gebissen zu werden, denn Geldgier ist eine so schlimme Krankheit wie nur irgendeine, womit ein Sterblicher gequält werden kann. Haltet euch fern von der Gesellschaft derer, welche anderen Daumenschrauben ansetzen, die Fäuste fest verschließen, Geld zusammenraffen und Blut saugen: »Hütet euch vor Hunden!«

Fünftens, *man hüte sich vor einem kläffenden Hund*! Die, welche viel sprechen, erzählen viele Lügen, und wenn ihr die Wahrheit liebt, so tut ihr besser, diese Leute nicht zu lieben. Diejenigen, die viel schwatzen, sagen leicht Böses von ihren Nächsten und unter anderem von euch; und deshalb, wenn ihr keine Lust habt, Stadtgespräch zu werden, tut ihr klug daran, andere Freunde zu suchen. Herr Plaudertasche wird eure Geduld noch ganz erschöpfen, und ihr tut gut daran, die Beziehung zu ihm abzubrechen, noch ehe ihr Bekanntschaft mit ihm geschlossen habt. Wohnt nicht in der Schwatzgasse oder Tür an Tür mit »Frau Klatschbase«. Eines Löwen Maul ist nichts im Vergleich zum Mundwerk desjenigen, der üble Nachrede verbreitet. Wenn du einen Hund hast, der fortwährend bellt, und ihn zufällig verlieren solltest, gib keinerlei Geld für eine Anzeige aus. Hunden, welche die ganze Nacht heulen und ehrliche Hausbewohner aufwecken, gelten nur wenige Segenswünsche, aber selbst diese Kreaturen sind eher zu ertragen als jene unaufhörlichen Schwätzer, die niemals den Charakter eines Menschen in Ruhe lassen – weder Tag noch Nacht.

Sechstens, *hütet euch vor einem Hund, der die Schafe beunruhigt*! Solche kommen in unsere Gemeinden hinein und verursachen unendlich viel Schaden. Einige haben »neue Lehren«, aber so neu sind diese gar nicht – eher verderblich; andere haben neue Pläne, Einfälle und Marotten, und nichts wird recht gehen, bis diese ausprobiert sind. Eine dritte Art dieser Leute ist bei denen zu finden, die mit aller Welt zerstritten sind und nur in die Gemeinden hineinkommen, um zu sehen, ob sie einen Aufruhr anstiften können. Merkt sie euch und haltet euch fern von ihnen! Es gibt einfache Christen genug, die nur eines wollen – dass sie in Ruhe leben und ihren Geschäften nachgehen können; und diese Störenfriede sind ihre Plage. Das Evangelium hören und Beistand im Guten erhalten – das ist alles, was die meisten Gemeindeglieder verlangen, aber diese Plagegeister kommen mit ihren »neuen Weisheiten« und Spitzfindigkeiten und unverständlichen Reden und verursachen Leid auf Leid. Ein guter Hirte wird bald seinen Stecken nehmen, um diesen Hunden eine gehörige Lektion zu erteilen, aber sie fangen wieder an, sobald sich nur die Gelegenheit bietet. Was für Vergnügen können sie darin finden? Sie müssen sicherlich etwas von der Wolfsnatur in ihrem Wesen haben. Jedenfalls gilt: »Hütet euch vor dem Hund!«

Siebtens, hütet euch vor Hunden, *die wieder fressen, was sie ausgespien haben*! Ein Abtrünniger ist wie ein Aussätziger. In der Regel sind die erbittertsten Feinde des Kreuzes diejenigen, die einst bekannten, Nachfolger Christi zu sein. Wer sich von Christus wegwenden kann, ist kein passender Gefährte für irgendeinen ehrlichen Menschen. Es gibt heutzutage viele, die ihren Glauben weggeworfen haben, so wie ein Bauer hinter dem Pflug seine Jacke abwirft. Es wird ein schrecklicher

Tag für sie sein, wenn die Himmel über ihnen in Feuer stehen und aus der Erde unter ihren Füßen die Flammen emporlodern. Wenn jemand sich als mein Freund ausgibt und die Wege Gottes verlässt, so sind unsere Wege geschieden; wer dem Guten kein Freund ist, ist nicht mein guter Freund.

Zum Letzten, und damit will ich zum Schluss kommen: *Hütet euch vor einem Hund, der keinen Herrn hat!* Wenn ein Mensch sich alles herausnimmt in Bezug auf die Bibel und die Gesetze seines Landes und des gewöhnlichen Anstands, so wird es Zeit, dass man sich die Freiheit nimmt und ihm sagt, man wolle lieber seinen Platz leer sehen und lege keinen Wert darauf, ihn in der Nähe zu haben. Gewisse »wunderbar weise« Männer führen große Reden und legen ihre beschmutzten Finger an alles, was ihre Väter für gut und heilig hielten. Arme Narren, sie sind nicht halb so gescheit, wie sie glauben. Wie die Schweine in einem Blumengarten wollen sie alles mit der Wurzel ausreißen; einige Leute erschrecken darüber so, dass sie wie angewurzelt stehen und ihre Hände vor Entsetzen über solche Kreaturen erheben. Wenn die Schweine in den Garten meines Herrn kamen und ich die große Peitsche zur Hand hatte, so kann ich euch versichern, dass ich sie heraustrieb, und ich wünschte nur, dass ich ein Gelehrter wäre, denn dann wollte ich unter diesen Herren mit ihren eigenwilligen Anschauungen gut ausholen, sodass sie jämmerlich quieken würden. Da Hans Pflüger andere Fische zu braten hat, so muss er jetzt von diesen Unheil bringenden Geschöpfen ablassen und seine schlichte Predigt beenden, die wohl alle Dorfbewohner verstehen können.

»Hütet euch vor dem Hund!« Nehmt euch in Acht vor allen, die euch schaden werden. Gute Gesellschaft können wir haben, warum sollten wir die schlechte suchen? Es heißt von dem Himmel: »Draußen sind die Hunde.« Lasst uns Freundschaft mit denen schließen, die in den Himmel hineinkommen können, denn dahin hoffen wir selbst zu gehen. Wir werden zu den Unsrigen kommen, wenn wir sterben; lasst es daher schon heute eine solche Gemeinschaft sein, dass wir froh sein werden, einst auch im Himmel zu ihr zu gehören.

Wie die Katze, so die Kätzchen

Die meisten Menschen sind das, wozu ihre Mütter sie gemacht haben. Der Vater ist den ganzen Tag außer Haus und hat nicht halb so viel Einfluss auf die Kinder, wie die Mutter ihn hat. Die Kuh hat am meisten mit dem Kalb zu tun. Wenn ein zottiges Fohlen zu einem guten Pferd heranwächst, so wissen wir, von wem es seinen Gang hat. Eine jede Mutter hat darum große Verantwortung, ob sie auch die Ärmste im Land sein mag,

denn sehr viel hängt von ihr ab, ob die Weichenstellung im Leben ihrer Knaben und Mädchen zum Schlechten oder Guten hin erfolgt. Wie der Gärtner, so der Garten; wie die Frau, so die Familie. Samuels Mutter machte ihm jedes Jahr ein kleines Oberkleid, aber sie hatte vorher sehr viel mehr für ihn getan: Samuel wäre nicht Samuel geworden, wenn Hanna nicht Hanna gewesen wäre. Wir werden nie ein besseres Geschlecht von Männern sehen, ehe nicht die Mütter besser sind. Wir müssen Frauen wie Sara und Rebekka haben, ehe wir Männer wie Isaak und Jakob sehen werden. Die Gnade liegt nicht im Blut, aber wir finden meist, dass junge Männer wie Timotheus gottesfürchtige Mütter haben.

Kleine Kinder verursachen ihrer Mutter gelegentlich Kopfweh, aber wenn sie ihnen ihren eigenen Willen lässt, so werden sie ihr Herzweh verursachen, sobald sie zu großen Kindern heranwachsen. Wer aus Torheit seine Kinder verwöhnt, verdirbt sie, und wer Fehler nicht bestraft, richtet noch größeren Schaden an. Gärten, die nie gejätet werden, bringen wenig hervor, was des Einsammelns wert ist; wer nur begießt und nicht hackt, wird eine schlechte Ernte haben. Wenn ein Kind zu viel nachsichtige Mutterliebe genossen hat, wird es sich im Laufe der Zeit zeigen, dass es zu wenig von der ausgewogenen Mutterliebe genoss. Schwachherzige Mütter ziehen schwachköpfige Kinder auf; sie schaden ihnen fürs ganze Leben, weil sie fürchten, ihnen wehzutun, während sie jung sind. Seid in eure Kinder vernarrt, und ihr werdet Narren aus ihnen machen. Es kann sein, dass der »Zuckerguss der Erziehung« im Leben eines Kindes jedem zuwider ist. Die Jacken der Knaben müssen dann und wann ein wenig ausgeklopft werden, und die Kleider der Mädchen werden umso besser, wenn man sie gelegentlich abstaubt. Kinder, die nicht konsequent erzogen werden, sind wie Felder ohne Pflügen. Die allerbesten Fohlen müssen doch zugeritten werden. Nicht, dass wir übertriebene Strenge wünschten; grausame Mütter sind gar keine Mütter. Die, welche immer schlagen und tadeln, sollten selbst geschlagen werden. Es ist Vernunft in allen Dingen, wie der Verrückte sagte, als er seine Nase abschnitt.

Gute Mütter sind ihren Kindern sehr teuer. Es ist keine Mutter in der Welt wie unsere eigene Mutter. Jede Frau ist in den Augen ihres eigenen Sohnes eine schöne Frau. Der Mann, der seine Mutter nicht liebt, ist – wie man so sagt – keinen Schuss Pulver wert. Wenn fromme Frauen ihre Kleinen zum Heiland führen, so segnet der Herr Jesus nicht nur die Kinder, sondern auch ihre Mütter. Glücklich zu preisen sind unter den Frauen jene, die ihre Söhne und Töchter in der Wahrheit wandeln sehen.

Wer es für leicht hält, Kinder zu erziehen, hat nie eins gehabt. Eine Mutter, die ihre Kinder recht erzieht, hätte es nötig, weiser als Salomo zu sein, denn dessen

Sohn erwies sich als ein Narr. Einige Kinder sind von Anfang an widerspenstig; keines von ihnen wird als vollkommenes Geschöpf geboren, aber bei einigen sind die Mängel und Unzulänglichkeiten besonders deutlich zu erkennen. Tut, was ihr wollt – mit manchen Kindern wird es nicht besser. Wascht einen Hund, kämmt einen Hund, doch ein Hund bleibt, was er ist: Bei einigen Kindern scheint alle Mühe umsonst zu sein. Solche Fälle sollen uns zu Gott treiben, denn er kann einen Schwarzen weiß waschen und die Flecken des Leoparden austilgen. Es ist klar: Welche Fehler unsere Kinder auch haben – wir sind doch ihre Eltern und können nicht den Stamm tadeln, dem sie entsprossen sind. Raben zeugen keine Tauben, Dornen bringen keine Trauben. Was von einer Henne kommt, wird gewiss in der Erde scharren. Das Katzenjunge wird nach Mäusen jagen. Jedes Geschöpf folgt seiner Art. Wenn wir schwarz sind, können wir unsere Sprösslinge nicht tadeln, weil sie dunkel sind. Lasst uns unser Bestes an ihnen tun und den mächtigen Herrn bitten, Hand anzulegen, damit er sein Werk tut. Gebetskinder werden zu Dankeskindern heranwachsen; Mütter, die vor Gott über ihre Söhne geweint haben, werden eines Tages ein neues Lied ihretwegen singen. Obwohl einige Fohlen oft das Halfter zerbrechen, werden sie nachher im Geschirr ganz ruhig. Gott kann diejenigen zurechtbringen, die wir nicht bessern können; deshalb sollen Mütter nie an ihren Kindern verzweifeln, solange sie leben. Haben sie euch verlassen, als sie übers Meer fuhren? Denkt daran, der Herr ist dort genauso wie hier. Verlorene Söhne mögen umherirren, aber sie geraten nie aus dem Blickfeld des großen Vaters, selbst wenn sie »noch fern« sind.

Lasst die Mütter danach streben, das Haus zum glücklichsten Ort der Welt zu machen. Wenn sie immer nörgeln und murren, so werden sie ihre Macht über die Kinder verlieren, und die Knaben werden in Versuchung kommen, ihre Abende auswärts zuzubringen. Das Haus ist der beste Platz für Knaben und für Männer, und eine gute Mutter ist die gute Seele des Hauses. Das Lächeln auf dem Gesicht der Mutter hat viele auf den rechten Pfad gelockt. Die Furcht, eine Träne in ihre Augen zu bringen, hat manchen Mann von bösen Wegen zurückgerufen. Der Knabe mag ein Herz von Eisen haben, aber seine Mutter kann ihn wie einen Magnet halten. Der Teufel weiß, unter welch segensreichem Einfluss ein Mann steht, solange dessen gottesfürchtige Mutter noch lebt. O Mutter, groß ist deine Macht! Sieh zu, dass du sie für den einsetzt, der an seine Mutter dachte – selbst in den Kämpfen des Todes.

Man kann den Schössling biegen, aber nicht den Baum

Leiter, Pfahl und Strick werden nicht helfen, um einen krummen Baum gerade zu machen; man hätte viel früher darauf sehen sollen. Zieht die Bäume, solange sie klein sind, und die jungen Männer, ehe sich der Flaum an ihrem Kinn zeigt. Wenn ihr wollt, dass ein Gimpel[10]

10 A. d. H.: Er wird auch Dompfaff genannt und gilt als Symbol der Untreue und der Flatterhaftigkeit.

pfeifen soll, so pfeift ihm die Melodie vor, solange er jung ist; er wird sie schwerlich noch lernen, wenn er sich erst einmal die Weise des wilden Vogels angeeignet hat. Fangt früh an zu lehren, denn Kinder fangen früh an zu sündigen. Setzt ihnen in jungen Jahren die notwendigen Grenzen, dann könnt ihr hoffen, sie zu bewahren.

Eh dein Knabe sieben Jahr,
zeig den Himmelsweg ihm klar,
besser ist die Zeit gewählt,
wenn er's lernt, eh fünf er zählt.

Was jung gelernt wird, ist fürs ganze Leben gelernt. Was wir zuerst hören, daran erinnern wir uns bis zuletzt. Wenn man einen Zweig biegen will, muss man das rechtzeitig tun. Diejenigen, die Pferde zureiten, sagen:

Was Pferdchen lernt beim ersten Ritt,
das nimmt's für alle Zeiten mit.

Wenn ein Knabe trotzig ist, so brich seinen Trotz, und gehe beim ersten Mal sehr weise vor, damit du es nicht ein zweites Mal nötig hast. Des Kindes erste Lektion sollte Gehorsam sein, nachher magst du all die anderen Lektionen folgen lassen. Die junge Seele darf jedoch nicht zu fest geschnürt werden, sonst behinderst du das Wachstum und schadest der Entfaltung ihrer

Kraft. Man sagt: »Dumme Amme, kluges Kind«, aber ich glaube nicht, dass dies stimmt: Niemand hat so viel gesunden Menschenverstand nötig wie eine Mutter oder Erzieherin.

Des Kindes Rücken muss gebogen, darf aber nicht gebrochen werden. Es muss Gehorsam lernen, darf aber nicht mit einer eisernen Rute gemaßregelt werden. Man muss ihm Unterordnung beibringen, aber es darf nicht unterdrückt werden.

Die Natur besiegt manchmal die Erziehung, aber meistens behält der Lehrer das Feld. Das Wesen der Kinder wird maßgeblich dadurch bestimmt, wie sie von klein auf geprägt worden sind; das Unglück ist, dass so viele durch die Erziehung verdorben werden. Ein Kind kann zu stark gewiegt werden, man kann es durch zu viel Hiebe, aber auch durch zu viel Liebe verderben. Ich kenne zwei Knaben, die eine christliche Mutter hatten, aber sie ließ ihnen immer ihren Willen. Die Folge war, dass sie, während sie aufwuchsen, sich dem Trinken ergaben und in eine zweifelhafte Gesellschaft gerieten und bald das Vermögen durchbrachten, das der Vater ihnen hinterlassen hatte. Niemand hielt sie im Zaum, und sie konnten sich selbst nicht im Zaum halten, und so rasselten sie die breite Straße entlang wie Schlachterburschen mit durchgegangenen Pferden, und es war an kein Aufhalten zu denken. Ach, hätte man sie doch beizeiten streng erzogen und ihnen in jungen Jahren Gehorsam beigebracht!

Dennoch kann ein Kind auch zu hart behandelt werden. Wenn es insbesondere zu viele Stunden in der Schule eingesperrt ist, wäre ihm weitaus mehr damit geholfen, dass es ausreichend lange umherrennen und spielen kann. Kühe, die oft gemolken werden, geben darum nicht mehr Milch; Kinder, die sehr viele Stunden in einem stickigen Zimmer verbringen müssen, lernen darum nicht mehr.

Ein Knabe kann zum Lernen angetrieben werden, bis er seinen halben Verstand verliert; zu früh gereiften Früchten fehlt der gute Geschmack; wer mit fünf Jahren ein Mann ist, ist mit fünfzehn ein Narr. Wenn ihr das Kalb bratet, so wird es nie ein Ochse werden. Andererseits kann das Lernen auch so lange verschoben werden, dass der kleine Kerl immer hinter den anderen zurückbleibt.

Es gibt in allen Dingen einen Mittelweg, und der ist ein guter Vater, der ihn zu finden weiß, sodass er seiner Familie mit Liebe vorsteht und die Seinen es lieben, ihn als Oberhaupt der Familie anzuerkennen. Manche sind wie Eli, der seine Söhne sündigen ließ und sie kaum deswegen tadelte; diese werden sich auf lange Sicht als grausame Eltern erweisen. Andere sind zu streng, sodass ihr Haus zu einer jämmerlichen Wohnstätte wird und die Kleinen in anderer Weise auf den unrechten Weg getrieben werden. Enge Kleider reißen sehr leicht, harte Gesetze werden oft gebrochen; aber lose Gewänder reißen auch, und wo es gar keine Gesetze gibt, da geht es sicher verkehrt. So ist es – wie ihr seht – leicht, nach der einen oder anderen Seite hin falsch zu handeln, und schwer, auf dem dünnen Seil der Weisheit zu tanzen. Verlasst euch darauf: Wer Frau und Kinder hat, dem wird es nie an Sorgen fehlen. Wir müssen wohl zusehen, was wir bekommen, wenn wir heiraten, aber es gibt viele, die sich nicht raten lassen.

In unseren Tagen haben Kinder viel zu viel ihren eigenen Willen, indem sie Vater und Mutter oft zu ihren Sklaven machen. Die Dinge stehen wirklich recht nett, wenn die Gänschen die Gans lehren und die Kätzchen das Regiment im Katzenhaus führen; es heißt, die Sachen auf den Kopf zu stellen. Eltern sollten sich das nun und nimmer bieten lassen. Es ist ebenso schlimm für die Knaben und Mädchen wie für die Erwachsenen und lässt alle schlechten Seiten ihres Charakters hervortreten. Ich wollte lieber eine Katze auf heißen Steinen oder eine Kröte unter der Egge sein, als meine eigenen Kinder meine Herren sein zu lassen. Nein, das Haupt muss Haupt bleiben, sonst wird es dem ganzen Körper schaden.

Aus Kindern ohne rechte Zucht
erwächst dem Haus 'ne schlimme Frucht:
Wer nicht regiert, den wird's gereun,
denn bald wird er regieret sein.

Ein alter Fuchs scheut die Falle

Der alte Fuchs kennt die Falle schon lange. Ihr könnt ihn nicht so leicht fangen wie einen jungen. Er schaut die scharfen Zähne scharf an und scheint zu sagen:

Holla, alter Freund,
ich weiß, wie's gemeint!
Willst fangen mich heut?
Wart ab deine Zeit!

Die Katze bat die Mäuse zum Abendessen, aber nur die jungen kamen zu dem Fest, und diese kehrten nie wieder heim. »Wollen Sie in meine Wohnstube gehen?«, sagte die Spinne zur Fliege, und das dumme Geschöpf ging hinein und war auf der Stelle tot.

Wie viele Fallen werden für uns gestellt! Männerfallen und Frauenfallen; Fallen, die uns fangen wollen, indem sie es aufs Auge, aufs Ohr, auf den Hals und auf die Nase abgesehen haben; Fallen für den Kopf und Fallen für das Herz; Tagfallen und Nachtfallen und Fallen für jede Zeit, die ihr wollt. Es gibt verschiedene Köder – lebendig und tot, männlich und weiblich, allgemein und besonders. Wir müssen klüger sein als Füchse, sonst werden wir bald das Zuklappen einer Menschenfalle hören und ihre Zähne spüren.

Hütet euch vor dem Anfang: Wer den ersten unrechten Schritt vermeidet, wird den zweiten nicht tun. Hütet euch vor den »Tropfen«, denn Trinker trinken bekanntlich nur »einen Tropfen Bier« oder nur »einen Tropfen zu viel«. Macht ein für alle Mal Schluss mit euren »Tropfen«!

Hütet euch vor dem, der da sagt: »Es ist ja nur ein wenig!« Kleine Sünden sind die Eier, aus denen große Leiden schlüpfen. Hütet euch vor Lippen, die mit Honig beschmiert sind; seht, wie viele Fliegen mit Zuckerfallen gefangen werden. Nehmt euch in Acht vor hinterhältigen Fragen, die unnütze Zweifel erregen und es einem Menschen schwermachen, seinem Schöpfer zu trauen. Hütet euch vor einem schlechten reichen Mann, der sehr freigebig euch gegenüber ist; er wird euch erst kaufen und dann verkaufen. Hütet euch vor einem jungen Mädchen ohne Verstand oder Herz, das immer nach der neuesten Mode gekleidet sein will; ihr könnt im Handumdrehen im Netz sein.

Hübsche Närrchen sind nicht rar,
Mann, sei klug, dein Herz bewahr!

Hütet euch vor dem Stein, über den ihr gestolpert seid, als ihr das letzte Mal auf dem Weg daherkamt. Hütet euch vor dem Mann, der sich niemals hütet, und hütet euch vor dem, der auf dem Weg des Verderbens ist. Hütet euch davor, eine Bürgschaft zu übernehmen oder eure Unterschrift unter die Rechnung eines anderen zu setzen – auch wenn er zehnmal sagt: »Es ist ja, wie du weißt, nur der Form wegen.« Es ist eine Form, die man besser »in aller Form ablehnt«, wie unser Schulmeister zu sagen pflegte. Wenn du Lust hast, in Stücke gerissen zu werden, so lass dich auf solche Sachen ein, aber wenn du in Sicherheit leben willst, so leiste nie Sicherheit für irgendeinen Menschen in deinem Umfeld – ob Mann, Frau, Kind, Jugendlicher, Mädchen, Cousin, Bruder, Onkel oder Schwiegermutter! Hüte dich, alle deine Geheimnisse irgendjemandem anders anzuvertrauen als deiner Frau. Nimm dich in Acht vor einem Mann, der lügt, vor einer Frau, die aus der Schule schwatzt, vor einem Kaufmann, der seine Rechnung zweimal schickt, und vor einem Herrn, der dir zu einem Vermögen verhelfen will, wenn du ihn nur einige Taler leihen willst. Hüte dich vor den Hinterläufen eines Maulesels, den Zähnen eines Hundes und der Zunge einer geschwätzigen Frau. Zuallerletzt, hüte dich vor keinem Menschen mehr als vor dir selbst und nimm dich hier in jeder Hinsicht in Acht, besonders bei deinem Sprechen. Fünf Worte kosteten Zacharias etwa vierzig Wochen Stillschweigen. Vielen tut es leid, dass sie gesprochen haben, aber wenige trauern je, dass sie den Mund hielten.

Der wahrt sein Ross, der es gar scharf im Zügel hält;
sieh, wie so eilig der, der eilig jagt, auch fällt.

Wer seine Zunge schnell und ohne Sinn lässt spielen,
der wird gar oft zu spät die bittre Reue fühlen.

Wie schafft der lose Mund doch eine Füll' von Schmerz,
drum nimm du stets in Acht die Zung' im Ernst und Scherz!

Eine schwarze Henne legt ein weißes Ei

Das Ei ist weiß, obgleich die Henne kohlrabenschwarz ist. Dies ist ein sehr einfacher Sachverhalt, aber er gefiel dem einfachen Verstand Hans Pflügers und ermutigte ihn, wenn es ihm hart erging. Aus Bösem kommt Gutes durch die große Güte Gottes. Von drohenden Wolken erhalten wir erfrischende Schauer; in dunklen Bergwerken findet man glänzende Edelsteine: So kommen aus unseren schlimmsten Leiden unsere besten Seg-

nungen. Der scharfe Frost macht den Boden fruchtbar, und die rauen Winde befestigen die Wurzeln der alten Eichen. Gott sendet uns Briefe der Liebe in schwarz geränderten Umschlägen. Manchmal habe ich süße Frucht aus Brombeergestrüpp gepflückt und liebliche Rosen unter stechenden Dornen hervorgeholt. Die Trübsal ist für gläubige Menschen wie die Feldrose in unseren Hecken; wo sie wächst, breitet sich ringsumher ein köstlicher Wohlgeruch aus, wenn nur der Tau von oben darauf fällt.

Seid guten Mutes, Brüder, alles wird zuletzt gut werden. Die dunkelste Nacht wird sich zu ihrer Zeit in einen schönen Morgen wandeln. Nur lasst uns auf Gott vertrauen und den Kopf über die Wellen der Furcht halten. Wenn unser Herz zu Gott recht steht, dann steht alles recht. Lasst uns den Silberstreif am Horizont suchen, und wenn wir ihn nicht sehen, lasst uns glauben, dass er doch da ist. Wir sind alle in der Schule, und unser großer Lehrer schreibt so manche wertvolle Lehre auf die schwarze Tafel der Trübsal. Schmale Kost lehrt uns, vom Himmelsbrot zu leben; Krankheit veranlasst uns, nach dem göttlichen Arzt zu senden; Verlust von Freunden macht uns Jesus umso kostbarer; selbst wenn unser Gemüt niedergedrückt ist, so bringt uns das dahin, uns völliger an Gott zu halten. Denen, die Gott lieben, müssen alle Dinge zum Besten dienen; der Tod selbst wird ihnen den höchsten Gewinn bringen. So legt die schwarze Henne ein weißes Ei.

Zum Besten dient es dir, es sei auch, was es sei,
drum ist das Bittre süß und Speis' die Arzenei,
obgleich's jetzt wehetut, getrost! Es währt nicht lang,
und einst, wie jubelvoll ertönt der Lobgesang!

Er sieht in die eine Richtung und rudert in die andere

Er sieht zum Ufer hinüber, aber er rudert nach dem Schiff hin: Dies ist die Weise derer, die in Booten rudern, und dies tun auch sehr viele andere, die sich niemals dem Wasser anvertrauen. Der Bootsmann hat ganz recht, aber der Heuchler hat ganz unrecht – welcher Glaubensrichtung er auch angehört. Ich kann den

Herrn Jedermanns Freund nicht ausstehen, aber er hat eine Vielzahl von Verwandten.

Es ist schlimm, auswendig ein Heiliger und inwendig ein Teufel zu sein. Mag der Betreffende vor der Welt als Diener Christi gelten – innerlich hasst sein Herz alles Gute, indem er den Zielen des eigenen Ichs und des Teufels dient. Es gibt in allen Ständen in Ehren gehaltene und schlechte Menschen, und Heuchler werden unter Bauern genauso wie unter Pastoren gefunden. Dies war schon in alten Zeiten so, denn ich erinnere mich an einen Vers, der gerade einen solchen Charakter beschreibt. Dieser Mann sagt:

Ich hab einen Glauben für mich allein –
ob römisch, ob lutherisch, mag unbekannt sein,
doch wenn er mich stört, so habe ich kein'n.

Viele folgten dem Herrn, als er auf Erden war, aber es war nur um der Brote und Fische willen: Man sagt, dass einige Leute in unserer Gegend noch unaufrichtiger sind, als die Juden damals es waren, denn unsere Zeitgenossen besuchen die Kirche um der Brote willen und gehen dann hinüber zur Baptistenkapelle um der Fische willen. Ich will nicht richten, aber ich weiß, dass es Leute gibt, die vom Glauben nicht viel halten, wenngleich sie immer dort zu finden sind, wo ihnen die Hilfe und Nächstenliebe der Christen zugutekommt.

Lieber sterben, als die Seele dem Höchstbietenden zu verkaufen. Lieber im Arbeitshaus[11] eingesperrt sein, als von Heuchelei fett zu werden. Was wir auch sonst erhandeln, lasst uns nie versuchen, aus dem Glauben Kapital zu schlagen, denn Heuchelei ist das gemeinste Laster, in das ein Mensch fallen kann.

Es ist eine niederträchtige Haltung, sich Christi Pferd zu nennen und des Teufels Sattel zu tragen. Wölfe der schlimmsten Art sind die, welche in Schafspelzen einhergehen. Isebel war nie so hässlich wie zu der Zeit, da sie ihr Gesicht geschminkt hatte. Vor allen Dingen also, Brüder, lasst uns gerade sein wie ein Pfeil und von Grund auf ehrlich und aufrichtig – niemals solche, die ihr Mäntelchen nach dem Wind hängen oder sich anpassen. Nie wollen wir zwei Gesichter haben oder hin und her schwanken.

---

11 A. d. H.: Dies bezieht sich auf damals bestehende Häuser, wo von Armut betroffene Menschen – vor allem Bettler und verwahrloste Waisenkinder – aufgenommen wurden. Dort mussten sie unter strenger Aufsicht einer geregelten Arbeit nachgehen.

Bleib dabei und tu's

Geh beherzt ans Werk, wenn der Weg den steilen Hügel hinaufführt, dann wird der Wagen auf den Gipfel gelangen. Es ist nichts so hart, als dass nicht etwas Härteres hindurch könnte; eine große Aufgabe kann durch eine große Entschlossenheit gelöst werden. Fass an und halt aus! Lass nicht ab, so wird es dir gelingen. Bis etwas getan ist, fragen sich die Menschen, warum du meinst,

dass es getan werden könne, und wenn du es vollbracht hast, so fragen sie sich, weshalb es nicht früher getan worden ist.

Auf dem obigen Bild wird der Wagen von zwei Pferden gezogen, aber aus meiner Sicht sollte jeder, der vorwärtskommen will, so ziehen, als wenn alles von ihm allein abhinge. Sehr wenig wird recht getan, wenn es anderen überlassen bleibt. Je mehr Hände da sind, die Arbeit zu tun, desto weniger wird getan. Ein Mann trägt zwei Eimer Wasser allein; zwei Männer tragen nur einen Eimer zusammen, und drei werden ohne einen Tropfen zurückkommen. Ein »Kind mit mehreren Müttern« wird sterben, ehe es allein gehen kann. Erledige deine Geschäfte mit Sachverstand und pass darauf auf, dann wirst du Brot mit Butter finden, wo ein Fauler seine letzte Kruste verliert.

In diesen Zeiten nützt es nichts, Landwirt zu sein, wenn man nicht arbeiten will. Die Tage sind vorüber, in denen gewisse Herren ein Vermögen auf einem Pachtgut dadurch erwerben konnten, dass sie den halben Tag lang auf die Jagd gingen. Wenn der ausländische Weizen fortwährend eingeführt wird, so werden die Landwirte bald folgende Wahrheit lernen:

Wer durch den Pflug reich werden will und bleiben,
der muss ihn selber halten oder treiben.

Nach Australien zu gehen, nützt einem Mann nichts, wenn er eine Anzahl träger Knochen mit sich nimmt. Man kann daheim fast in jedem Gewerbe sein Brot verdienen, wenn man sich nur darum kümmern will. Ein Mann, der hart arbeitet sowie Kraft und Gesundheit hat, ist viel glücklicher als der Junker Zimperlich, der nichts tut und immer krank ist.

Es ist ein elender Hund, der Wild verlangt und nicht danach jagen will. Mögen wir uns nie in träger Verzweiflung niederlegen, sondern die Sache verfolgen, bis sie gelingt!

Rom wurde nicht an einem Tag erbaut; Dinge, die keine Mühe kosten, sind geringer Gewinn.

Die Staude, die Jona geschenkt wurde, wuchs in einer Nacht empor, aber sie verdorrte auch in einer Nacht. Es ist ein sehr magerer Hase, den die Hunde fangen, ohne danach zu laufen, und ein Schaf, dessen Schur keine Mühe verursacht, hat wenig Wolle. Deshalb hat ein Mensch, der nicht gegen Wind und Wetter ankämpfen kann, wenig Aussicht in dieser Welt.

Ausdauer ist die Hauptsache im Leben. Bis ans Ende beharrlich zu sein und auszuhalten, ist das Wichtigste. Wenn das Wettrennen mit einem Sprung gewonnen werden könnte, so würden viele den Preis erlangen, aber die meisten haben keinen langen Atem und halten nach dem ersten Galopp schon inne. Zu Beginn fliegen sie geradezu, und am Ende kriechen sie rückwärts.

Wenn die Äpfel nicht beim ersten Schütteln vom Baum fallen, so sind die hastigen Leute zu faul, eine Leiter zu holen. Sie haben es viel zu eilig, als dass sie warten würden, bis die Frucht reif genug ist, um von selbst herabzufallen. Der Hastige ist so heiß wie Feuer am Anfang und so kalt wie Eis am Ende. Wer nicht des Tages Last und Hitze ertragen kann, ist nicht sein Salz wert, viel weniger seine Kartoffeln.

Ehe ihr etwas anfangt, so vergewissert euch, dass es das Rechte ist: Fragt euer Gewissen! Versucht nicht, das zu tun, was unmöglich ist: Fragt den gesunden Menschenverstand! Es nützt nichts, gegen einen Orkan anzublasen oder in einer Regenpfütze nach Walfischen zu angeln. Besser, einen törichten Plan aufzugeben, als dabeizubleiben und sich die Finger zu verbrennen. Besser, den Nacken zu beugen, als sich den Kopf zu zerstoßen. Aber wenn ihr euch einmal entschlossen habt, einen bestimmten Weg zu gehen, so lasst nicht jeden Maulwurfshügel euch von eurem Pfad ablenken. Von einem Streiche fällt keine Eiche. Hacke weiter, schwinge die Axt, der Baum wird zuletzt fallen! Ein Stück Eisen wird nicht sofort weich, wenn du es ins Feuer hältst. Schmied, fache die Glut mit dem Blasebalg an! Lege mehr Kohlen darauf! Mache das Eisen rot glühend und schlage kräftig mit dem Hammer drauf, und du wirst eine Pflugschar zustande bringen. Prahlhans ist ein feiner Geselle, wenn es gilt,

»Ho! Hallo!« zu schreien, aber Ausdauer bringt den Fuchs heim.

Wir sollten bei Schwierigkeiten nicht den Mut verlieren; sie werden gesandt, um zu erweisen, wie wir beschaffen sind; und verlasst euch darauf, sie tun uns außerordentlich gut. Es gibt gute Gründe dafür, dass Knochen in unserem Braten und Steine in unserem Boden sind. Eine Welt, in der alles leicht wäre, würde eine Ammenstube für kleine Kinder sein, aber ganz und gar kein passender Platz für Männer. Der Sellerie ist nicht süß, ehe er dem ersten Frost ausgesetzt gewesen ist, und Männer mühen sich vergeblich um die Vervollkommnung ihres Charakters, wenn keine Widerwärtigkeiten auf ihre Zehen gefallen sind, als wären sie Zentnerlasten. Wer würde die guten Pferde kennen, wenn es keine schweren Lasten gäbe? Wenn der Boden nicht so schwer zu bearbeiten wäre, so würde man meinen alten Schimmel und meinen Braunen nicht höher schätzen als Peters Esel. Wenn wir uns außerdem schwer abmühen, um Erfolg zu haben, so macht das uns fähig, ihn zu ertragen. Uns schmeckt der Speck umso besser, weil wir hungrig geworden sind, indem wir ihn uns verdient haben. Wenn das Glück wie ein Adler auf einen Menschen herabschießt, so wirft es ihn oft nieder. Wenn wir den Pferdewagen einholen, so ist es eine schöne Sache, aufzusteigen und zu fahren. Aber wenn er im Galopp hinter uns hersaust, so stößt er uns leicht um und fährt über uns weg, und wenn wir dann hineingehoben werden, stellen wir fest, dass wir das Bein gebrochen oder den Arm verrenkt haben, sodass wir die Ausfahrt nicht genießen können. Arbeit ist stets gesünder für uns als Faulheit. Es ist immer besser, seine Geschäfte zu verrichten, als untätig im Bett zu liegen. Ich denke manchmal, wenn ich meine Zipfelmütze aufsetze und ernsthafte Betrachtungen anstelle, dass der Erfolg im Leben viel Ähnlichkeit mit dem Heiraten hat: Das Werben ist eine sehr vergnügliche Sache, so wie man den Erfolg sucht, und es ist nicht eben schlimm, wenn es einige Zeit dauert, bis man endlich zum Ziel kommt. Deshalb, junger Mann, lerne, zu warten und weiterzuarbeiten! Wirf nicht deine Angel weg, die Fische werden schon noch anbeißen. Die Katze lauert lange vor dem Loch, aber zuletzt fängt sie die Maus. Die Spinne bessert ihr zerrissenes Gewebe aus, und die Fliegen sind in kurzer Zeit gefangen. Bleibe bei deinem Beruf, arbeite weiter und sei zufrieden, denn sei gewiss: Wenn du dich *unterwerfen* kannst, so wirst du *überwinden.*

Wunder hören nie auf! Mein Nachbar, Simon Knicker, bekam vor ungefähr drei Monaten einen Anfall von Großmut. Die Geschichte ist des Erzählens wert. Er sah einen armen blinden Mann, der von einem kleinen Mädchen geführt wurde und auf der Geige spielte. Sein Herz wurde erstaunlicherweise gerührt. Er sagte zu mir: »Hans, mein Lieber, leihe mir einen Groschen, dort drüben steht ein armer Kerl!« Ich griff in meine Tasche, fand zwei Fünfpfennigstücke und gab sie ihm. Was war ich für ein Narr, denn er wird sie mir nie zurückzahlen. Er gab dem blinden Geiger fünf Pfennig und behielt die anderen fünf, und ich habe weder den Knicker noch meinen Groschen wiedergesehen. Auch werde ich das Geld wohl nicht wiederbekommen, bis der Torpfosten draußen vor meinem Garten Gravensteiner Äpfel trägt. Das nenne ich Großmut. Ja, Simon Knicker bleibt dabei und hält ihn fest, seinen Mammon nämlich; er lebt so schlecht wie eine Kirchenmaus und arbeitet so eifrig, als wenn er dafür Akkordlohn bekommen würde und zwanzig Kinder zu ernähren hätte, aber ich würde ihn ebenso wenig anderen als Vorbild hinstellen, wie ich eine Kröte als Prachtexemplar eines hübschen Vogels präsentieren würde. Wenn ich zu euch jungen Leuten vom Fortkommen rede, so möchte ich nicht, dass ihr dächtet, Geld aufzuhäufen, sei wirklicher Erfolg. Ich wünschte auch nicht, dass ihr ein klein wenig über das Los eines ehrlichen Landwirts hinauskämet, wenn ihr es nicht könntet, ohne niederträchtig oder gottlos zu sein. Das Arbeitshaus, auch wenn es ein Gefängnis ist, ist doch ungleich besser als ein stattliches Haus, das durch Schurkerei und Geldgier aufgebaut ist. Wenn du nicht ehrlich vorwärtskommen kannst, so gib dich damit zufrieden, in deinem jetzigen Stand zu bleiben. Der Segen Gottes ist Reichtum genug für einen weisen Mann, und die ganze Welt ist nicht genug für einen Narren. Des alten Knickers Methode, im Leben vorwärtszukommen, ist nach meiner Überzeugung weit verbreitet, und das ist ein Jammer. Der Herr bewahre uns vor solchem Fortkommen, sage ich. Jener alte Sünder hat mir oft einige Verse ins Ohr gesummt, wenn wir miteinander diskutierten, und sehr hübsche Verse sind es *nicht*, wahrhaftig nicht:

Wer in der Welt geehrt will sein,
des Stirne sei von Erz und Stein,
der Arm von Stahl, der Mut gar stolz,
das Herz so hart wie Eichenholz,
ein Katzenaug', im Dunkeln gut,
und Zähne scharf wie Haienbrut,
ein Ohr, auf jeden Laut gespitzt,
wie Schleicher Maulwurf es besitzt,
der Mund dicht wie 'ne Eisentür,
der Magen stärker als ein Stier,
die Zunge scharf wie Messers Schneid,
Kautschuk-Gewissen, eng und weit,
das Blut so kalt wie Nordpol-Eis,
die Hand so gier'g, wie Hunger heiß,
die Schultern, stark und wohl gepasst,
zu tragen vieler Zentner Last,
die Beine, Säulen gleich gestellt,
zu stützen ihn in Haus und Feld,

die Knie geschmeidig, leicht gebeugt,
ein Pferdefuß, der sich nicht zeigt.

Die Verse laufen darauf hinaus: Sei ein Teufel, um glücklich zu sein! Verkaufe dich ganz und gar dem alten Drachen, und er wird dir die Welt und ihre Herrlichkeit geben. Aber denke an die Frage der Schrift: »Was nützt es einem Menschen, wenn er die ganze Welt gewinnt und seine Seele einbüßt?« Es gibt neben diesem krummen, schmutzigen Halsabschneiderpfad noch einen anderen Weg, und dieser führt wirklich zum Glück. Es ist des Königs Weg, von dem dieselbe Schrift sagt: »Trachtet … zuerst nach dem Reich Gottes und nach seiner Gerechtigkeit, und dies alles wird euch hinzugefügt werden.« Hans Pflüger betet, dass alle seine Leser diesen Weg wählen mögen und dabei bleiben, doch selbst auf diesem Weg müssen wir Eifer beweisen, denn »dem Reich der Himmel [wird] Gewalt angetan, und Gewalttuende reißen es an sich.«

Spannt nicht den Wagen vors Pferd

Niemand wird jemals den Burschen auf dem Bild für einen Salomo halten. Sein Verstand wird ihn nicht töten, aber er kann aus Mangel daran sterben. Man sollte denken, dass er partout nicht weiß, welche Seite zuerst kommt oder welches Ende nach oben gehört, denn er spannt den Wagen vor das Pferd.

Manches von dem, was so passiert, ist mitunter recht amüsant. In unserer Kapelle haben wir abends nur dann

Gottesdienst, wenn der Mond scheint, denn einige von unseren Freunden könnten niemals in einer dunklen Nacht auf unseren Straßen ihren Weg nach Hause finden. Die Bäume sind dicht verzweigt über unseren Köpfen und lassen keinen Stern durchscheinen. Was tat nun unser alter Küster neulich sonntags? Er kündigte an, dass am nächsten Mittwoch kein Mond scheinen würde, weil kein Gottesdienst wäre. Er spannte diesmal den Wagen vor das Pferd. So war es mit dem jungen Prediger, der sehr schöne Gedanken hatte und versuchte, uns armen Tölpeln die Weisheit der Vorsehung daran zu zeigen, dass sie die großen Ströme an den großen Städten vorbeifließen ließe, während unser Dorf einen kleinen Bach hätte, der für seine Größe passte. Wir lachten im Stillen über den in Ehren gehaltenen Mann, als wir durch die Kornfelder heimgingen. Dabei wunderten wir uns, warum es ihm nicht eingefallen sei, dass die Themse in ihrem Bett dahinfloss, lange bevor London erbaut wurde, und unser Bächlein sich durch die Fluren schlängelte, lange bevor ein Dorfbewohner seinen Eimer hineintauchte.

Über all dies lächeln wir, aber etliche dieser Versuche, den Wagen vors Pferd zu spannen, richten viel Schaden an. Faule Gesellen ruinieren ihr Geschäft und sagen dann, das schlechte Geschäft habe sie ruiniert.

Manche Leute schwatzen hin und her, als wenn sie in einer Welt lebten, die auf den Kopf gestellt wäre, denn sie stellen alles verkehrt dar. Ein Knecht verlor seine Anstellung wegen seines Trinkens, und da er keine Referenz erhalten konnte, beschuldigte er seinen alten Herrn, dass er ihn ins Unglück stürzen würde. Robert beklagte sich neulich, sein Herr hätte seinen guten Ruf zerstört. »Ich habe deinen guten Ruf zerstört?«, entgegnete dieser, »keine Bange, ich taste ihn für zehntausend Taler jährlich nicht an!« Dieser Mann hat sich selbst den Untergang bereitet, und nun gibt er denen die Schuld, die ihm die Wahrheit gesagt haben.

Neulich sagte jemand zu mir: »Meinst du nicht, dass Christoph ein Kerl ist, der Glück hat?« »Nein«, sagte ich, »ich meine, er ist ein Mann, der hart arbeitet und fortkommt, weil er es verdient.« »Ach was«, war seine Antwort, »mach mir das nicht weis; er hat ein gutes Geschäft, einen kapitalen Laden und ein ansehnliches Kapital dazu, mich wundert es nicht, dass er Geld macht.« Du meine Güte! Christoph fing mit nichts an – in einem kleinen erbärmlichen Laden, und alles, was er besitzt, hat er durch harte Arbeit und sorgsames Sparen erworben. Der Laden würde ihn nie über Wasser gehalten haben, wenn er den Laden nicht in Schuss gehalten hätte; er hätte nie geschäftlichen Erfolg gehabt, wenn er nicht ein guter Geschäftsmann gewesen wäre; aber es bringt nichts, darüber zu reden. Einige Menschen wollen nie zugeben, dass Sparsamkeit und Mäßigkeit zu Wohlstand und angenehmen Verhältnissen führen, denn damit würden sie sich das Urteil sprechen. So spannen sie, um ihr Gewissen zu beruhigen, den Wagen vor das Pferd.

Eine sehr schlechte Art, den Wagen vor das Pferd zu spannen, ist es, wenn ein alter Trunkenbold sagt, sein Bier hätte ihn vor dem Grab bewahrt, während es gerade das ist, was die Leute vorzeitig unter die Erde bringt. Er hat zufällig eine starke Natur und kann so den Wirkungen des Alkohols besser widerstehen als die meisten, und dann sagen die Menschen, das Trinken sei es gewesen, was ihm seine starke Natur gegeben habe. Wenn ein alter Soldat lebend aus einer Schlacht zurückkehrt, meinen wir dann, dass die Kugeln und Bomben sein Leben gerettet haben? Wenn wir einen Mann sehen, der so kräftig ist, dass er viel trinken kann, ohne sich gesundheitlich viel zu schaden, so dürfen wir nicht sagen, dass er seine Kraft dem Bier verdankt, sonst spannen wir den Pflug vor die Ochsen.

Wenn jemand glaubt, dass er sich selbst bessern muss, ehe er zu Jesus kommt, um errettet zu werden, so pflanzt er statt der Wurzel die Frucht und setzt die Schornsteine, wo der Grundstein gelegt werden sollte. Wir erretten uns nicht erst selbst, um dann dem Heiland zu vertrauen, sondern wenn der Heiland die Rettung in uns gewirkt hat, sollen wir unser Heil mit Furcht und Zittern bewirken, indem wir alles daransetzen, dass es sich in unserem Leben auswirkt. Sei gewiss, lieber Leser, dass du den Glauben an die erste Stelle setzt und dann die Werke folgen lässt, sonst spannst du den Wagen vors Pferd.

Ein undichter Zapfhahn ist ein großer Verschwender

Ein undichter Zapfhahn ist ein großer Verschwender. Tropfen für Tropfen, Tag und Nacht läuft das Getränk aus, und die Hausfrau wundert sich, warum so viel verloren gegangen ist. So kommt es, dass so viele Arbeiter in Armut bleiben: Sie achten nicht auf die Groschen, darum können sie keine Taler zur Bank bringen. Ihr könnt die Regentonne nicht füllen, wenn ihr nicht die

Tropfen auffangt. Fünf Groschen hier und einen Taler da, und der Geldbeutel ist leer, ehe man es wagt hineinzusehen. Wenn in der Küche, bei Tisch und im Wirtshaus Verschwendung zu finden ist, dann trennen sich Narren und ihr Geld bald voneinander, und zwar auf Nimmerwiedersehen. Wenn dann auch noch die Frau des Hauses verschwenderisch lebt, sind zwei Löcher in dem Fass. Zuweilen putzt sich die Frau nach der neuesten Mode heraus und gerät in Schulden, weil sie beim Einkaufen Kredite aufnimmt; und noch schlimmer ist es, wenn sie zur Flasche greift. Wenn die Gans so viel trinkt wie der Gänserich, werden die Töpfe bald leer, und der Brotschrank dazu. Dann reden sie vom Sparen – wie der Mann, der den Stall zuschloss, nachdem das Pferd gestohlen war. Sie wollen nicht sparen, solange das Fass voll ist, aber sie versprechen, dass sie Wunder tun wollen, wenn sie erst den Boden erreicht haben. Es ist gut, der alten Regel zu folgen: Gibt so viel aus, wie du noch lange ausgeben kannst.

Wer sein *ganzes* Brot zum Frühstück genießt, kann so lange pfeifen, um ein Mittagessen zu bekommen, wie er will. Wenn wir nichts sparen, während wir etwas haben, werden wir sicherlich nichts sparen, wenn alles aufgebraucht ist.

Sparsamkeit ist Pflicht, Verschwendung ist Sünde. Die Bibel sagt: »Wer … hastig ist, reich zu werden, wird nicht schuldlos sein.« Und – verlasst euch darauf – wer eilt, arm zu werden, befindet sich so ziemlich in derselben Lage. Strecke dich nach deiner Decke und gib nie alles aus, was du hast. Es wird dich vor ängstlicher Sorge und letztlich vor Sünde bewahren, wenn du in rechter Weise für die Bedürfnisse der Deinen Sorge trägst. Lege von deinen Ersparnissen zurück, wenn du jung bist, und du wirst finden, wenn du alt bist; aber tue es nicht in Geiz und Eigennutz, sonst könnte Gott einen Fluch auf das legen, was du angespart hast. Geld ist an sich kein Trost, aber wenn auch der Taler nicht allmächtig ist, so sollte er *für* den Allmächtigen gebraucht und nicht in gottloser Verschwendung weggeworfen werden. Selbst ein Hund verwahrt sich einen Knochen, den er nicht braucht, und man sagt von den Wölfen, dass sie die Knochen erst am anderen Morgen abnagen; aber vielen von unseren Arbeitern fehlt es ganz an Vorsorge und Wirtschaftlichkeit: Wie Kinder essen sie alle Kuchen auf einmal auf, wenn sie können. Wenn ein Frost kommt, so sind sie arme, frierende Gärtner und bitten um Almosen, während sie für einen Schneetag etwas hätten zurücklegen sollen. Mich wundert, dass sie sich nicht schämen. Hierzu gibt es drei treffliche Regeln:

Verdien, so viel du kannst,
spar, so viel du kannst,
gib, so viel du kannst.

Aber unser Nachbar Meier handelt nach einem eigenartigen, ganz anderen Dreisatz und versucht es mit drei anderen »kannst«:

Iss, so viel du kannst,
trink, so viel du kannst,
gib aus, so viel du kannst.

Er kann von alledem mehr tun, als ein anständiger Mann fertigbringt; es würde gut sein, wenn er und die Bierkanne viel weiter voneinander entfernt wären.

Ich wünsche nicht, dass irgendjemand ein Blutsauger oder ein Geizhals oder ein Mammonsdiener wird, aber mein Anliegen ist sehr wohl, dass unsere Arbeiter das besser nutzen, was sie erwerben. Es ist wenig genug, das weiß ich; aber manche verringern auch noch das wenige, indem sie es vergeuden. Der Schreiber am Ende der Sprüche lobt die tüchtige Frau: »Sie trachtet nach einem Feld und erwirbt es; von der Frucht ihrer Hände pflanzt sie einen Weinberg.« Salomo gebietet dem Faulen, zur Ameise zu gehen und zu sehen, wie sie für den Winter sammelt. Mir ist gesagt worden, dass diese Art von Ameisen nicht in unserem Land leben würden; ich fürchte es allerdings auch, aber unser Gutsherr sagt, er hätte sie in Frankreich gesehen, und es wäre gut, meine ich, etliche Exemplare davon herüberzubringen.

Je besser gewirtschaftet wird, desto größer ist der Nutzen für das Land. Ihr könnt nicht euer Feuerholz im Herbst verbrauchen und es dann für den Winter aufstapeln; wenn ihr wollt, dass das Kalb eine Kuh werden soll, so dürft ihr keine Eile haben, Kalbsbraten zu essen. Einmal ausgegebenes Geld ist wie ein Schuss, der aus einer Flinte abgefeuert wird: Man kann es nie zurückholen. Einerlei, wie leid es euch tun mag – die Goldfinken sind aus dem Käfig verschwunden und werden nicht wieder zurückfliegen, wenn ihr auch noch so viel schreit. Wenn ein Mann in Schulden gerät, so ist es noch viel schlimmer, denn das ist ein Graben, in dem so mancher Schuldner Schmutz findet, aber niemand Fische fängt. Die Liebenswürdigkeit der Freunde gegenüber einem Menschen ist oft recht schnell verschwunden, wenn dessen Geldbeutel leer ist. Von Leuten, die nichts haben, meint man oft, dass sie nichts wert sind. Wohlgemerkt, *ich* sage das nicht, aber sehr viele tun es. Leere Geldbeutel machen lange Gesichter. Man hat gesagt, dass jene, die am meisten lachen, am wenigsten zu verlieren haben, und es mag so sein; aber ich fürchte, einige von ihnen lachen auf der verkehrten Seite ihres Gesichts. Der Tor kauft in seiner Verschwendung für einen Pfennig Lust, aber es kostet ihn so manchen Taler an Schmerzen. Wer in Ausschweifung lebt, verkauft seine Kuh, um einen Kanarienvogel zu kaufen; er kocht einen Ochsen, um einen Topf schlechter Suppe zu bekommen, und diese gießt er weg, sobald er sie gekostet hat. Ich möchte nicht gern all meine Habe ausgeben, um zur Schau gestellte Reue zu kaufen, und doch hat dies mancher Verschwender getan, und sehr viele werden es noch tun.

»Mein Freund, halte das Geld in deinem Beutel zusammen!«, so steht es in Salomos Sprüchen, sagt der eine; ein anderer behauptet, so stände es nicht dort. »Dann«, sagt ein Dritter, »hätte es darin stehen können, und wenn Salomo je den Mangel im Hinblick auf Geld erfahren hätte, würde er es siebenmal gesagt haben.« Ich meine, dass er es dem Sinne nach sagt – wenn auch nicht den Worten nach, besonders wenn er von der Ameise spricht. Aber wie dies auch sei – dessen kannst du ganz sicher sein: Zwanzig Taler in der Tasche sind so gut wie ein Freund bei Hof und noch besser; und wenn du es je erlebst, dass es dir an dem fehlt, was du einst verschleudert hast, so wird dich das mit Schmerz erfüllen – groß genug, um bis zum Grab anzudauern. Der, welcher ein Pfund Butter auf den Bratrost legte, verlor nicht nur seine Butter, sondern verursachte auch eine Flamme, wie er sie nicht leicht vergessen wird: Wer als Tor ein verschwenderisches Leben führt, gerät in die schlimmste Bosheit. Darum bittet Hans Pflüger alle seine Kameraden: Haltet euch davon fern und bringt, was ihr gespart habt, gleich zur Sparkasse.

Geld ist nicht die Hauptsache, es steht so tief unter Gottes Gnade und dem Glauben an Christus wie ein gepflügtes Feld unter den Sternen; aber dennoch gilt: Die Gottseligkeit hat die Verheißung sowohl dieses Lebens als auch des zukünftigen, und wer weise genug ist, zuerst nach dem Reich Gottes und nach seiner Gerechtigkeit zu trachten, sollte auch weise genug sein, das Übrige, das Gott ihm zufallen lässt, richtig zu gebrauchen.

Irgendwo habe ich eine Reihe von Sprüchen über das Gold gefunden, die ich abschrieb, aber wie viele andere Dinge, die in meinen Büchern zusammengetragen sind, fand ich sie hier und da. Sie sind nicht von mir – wenigstens kann ich nicht das Urheberrecht in Anspruch nehmen. Ich habe sie nur als Pachtgut, und doch ist auch dies ein rechtmäßiger Besitz. Wenn die Eigentümer dieser kleinen Brocken dort, wo sie gedruckt werden, danach fragen wollen, können sie diese bekommen, wenn sie einen Taler für das Papier zahlen, worin sie eingepackt sind.

Sprüche über das Gold:

Der Spruch des Großmütigen ist:
Erwirb Gold und spend es!
Der Spruch des Leichtsinnigen ist:
Erwirb Gold und verschwend es!
Der Spruch des Spielers ist:
Erwirb Gold und verlier es!
Der Spruch des Kaufmanns ist:
Erwirb Gold und verspekulier es!
Der Spruch des Geizigen ist:
Erwirb Gold und besitz es!
Der Spruch des Weisen ist:
Erwirb Gold und benütz es!

Narren stellen Böcke hin, über die weise Leute stolpern

Das nennt man »eine Falle stellen«. Narren stellen Böcke hin, über die weise Leute stolpern. Fragen zu stellen, ist ebenso leicht, wie die eigene Hand zu küssen; sie zu beantworten, ist so schwer, wie einen Windhund zu mästen. Jeder Narr kann einen Stein in einen tiefen Brunnen werfen, und der klügste Mensch in der ganzen Gegend mag vielleicht nicht imstande sein, ihn wie-

der heraufzubringen. Torheit gedeiht in allen Ländern, und Narren sind in der ganzen Welt zu finden. Alberne Leute haben Gefallen an ihrem eigenen Unsinn und halten es für einen besonderen Spaß, die Klügeren in Verlegenheit zu bringen. Einen weisen Menschen stolpern zu sehen, ist für manche ein ebenso großes Vergnügen, wie jemanden beim Kegeln zu besiegen.

Es gibt Schwierigkeiten bei allen Dingen – ausgenommen beim Pfannkuchenessen –, und man kann von keinem erwarten, dass er alle Knoten in einem Netz auflösen oder das gerade machen könne, was Gott krumm gemacht hat. Wer behauptet, alles erklären zu können, und sagt, dass er nicht glauben will, was er nicht verstehen kann, der ist der größte Narr von allen. Es sind Knochen im Fleisch, aber soll ich hungrig bleiben, bis ich es essen kann? Hans Pflüger ist nicht dieser Meinung. In seinem Beruf gilt nicht der Zweifel als große Tugend, denn er ist kein »gelehrter Doktor«.

Was wissen wir im Grunde, wenn all unser Wissen zusammengetragen wird? Es würde alles in einen Fingerhut gehen, und auch der Finger des Mädchens, seiner kleinen Besitzerin, würde noch hineinpassen. Ein sehr kleines Buch wäre hinreichend, um die Gelehrsamkeit der meisten Menschen aufs Papier zu bringen, und in jeder Zeile würde sich ein Irrtum befinden. Warum sollten wir denn unser Leben mit ratlosem Grübeln zubringen, wie die Ferkel in einem Sack herumpurzeln und uns fragen, ob wir je wieder herauskommen? Hans weiß genug, um zu wissen, dass er nicht genug weiß, um alles zu erklären, was er weiß, und deshalb überlässt er das Fallenstellen den Doktoren, Skriptoren und anderen -oren.

Ein zorniger Mann reitet auf einem Pferd, das mit ihm davonläuft

Wenn der Zorn mit einem Mann davonläuft – wer weiß, wohin er ihn führen wird? Hat der Reiter einmal die Gewalt über das Pferd verloren – wie wird es mit ihm über Hecken und Gräben gehen! Am Ende stürzt der Betreffende in den Steinbruch und bricht sich den Hals. Niemand vermag mit voller Überlegung zu sagen, was er tun kann, wenn er in Zorn gerät; darum ist es am bes-

ten, keine Risiken einzugehen. Wer spürt, dass der Zorn in ihm aufsteigt, tut am besten daran, aufzustehen und zur Pumpe hinüberzugehen. Mag er einen Mund voll kalten Wassers nehmen und wenigstens zehn Minuten abwarten. Dann soll er hineingehen und still schweigen, bis er wieder ganz zur Ruhe gekommen ist. Wenn du Schießpulver lose in deiner Tasche trägst, so tust du besser daran, nicht dahin zu gehen, wo Funken fliegen; und wenn du von Natur aus leicht reizbar bist, so solltest du dich lieber zurückzuziehen, sobald die Leute anfangen, dich zu ärgern. Besser ist, sich von einem Streit fernzuhalten, als sich ins Getümmel zu stürzen.

Nichts wird durch Zorn besser gemacht – außer vielleicht der Katzenbuckel. Ein Mensch, der sich im Zorn krümmt, verdirbt nur seine Figur. Die Leute sehen keineswegs hübscher aus, wenn sie im Gesicht rot vor Zorn sind. Es nimmt einem Menschen viel Kraft, wenn er in grimmige Wut gerät; es ist fast so ungesund wie ein Krampfanfall, und es hat Fälle gegeben, wo Menschen buchstäblich vor Wut erstickt und auf der Stelle gestorben sind. Welches Unrecht ich auch leide – Gelassenheit kann mir nicht halb so viel schaden, als wenn ich zornig darüber bin, denn jede zornige Erregung verkürzt das Leben und vergiftet den Frieden.

Wenn wir einmal den Zorn bei uns einlassen, so wird er ein Recht darauf beanspruchen und später jedes Mal leichter hineinkommen. Wer über jede Kleinigkeit in

Ärger gerät, wird bald außer Rand und Band sein, wenn es um gar nichts mehr geht. Bei Gewitter verdirbt die Milch schneller, ebenso verderben Zorn und Wut das Herz und den Charakter.

Wer in Raserei ist, schließt die Augen und öffnet den Mund und sagt sehr bald, was ihm nachher leidtut. Besser, die Lippen jetzt zusammenzubeißen, als lebenslang unter dem zu leiden, was man in seiner Erregung gesagt hat. Es ist leichter, einen Elefanten von einem Porzellanladen fernzuhalten, als ihn wieder herauszubringen; und außerdem ist eine endlose Rechnung dabei, wenn es um Schadensersatz geht.

Ein Mann, der vor Wut kocht, trägt einen Mörder unter seiner Weste; je eher er sich beruhigen kann, desto besser für ihn und seine Umgebung. Er wird sowohl für seine Gefühle als auch für seine Worte und Handlungen Rechenschaft ablegen müssen, und diese Rechenschaft wird ihn viele Tränen kosten. Es ist niederträchtig, jähzornige Leute zu reizen, denn wenn es auch als Spaß gedacht ist, so ist es doch für sie gleichbedeutend mit dem Tod; zumindest macht es ihren Frieden zunichte und kann zuweilen mehr sein. Wir wissen, wer gesagt hat: »Wehe dem Menschen, durch den das Ärgernis kommt.«

Meidet einen wütenden Menschen wie einen tollen Hund, aber tut es freundlich, sonst macht ihr ihn noch schlimmer, als er ist.

Wenn er in Wut ist, so seid sehr vorsichtig, denn es droht Gefahr. Ein verdrießlicher Mensch wird sicher Streit anfangen; er sagt, die Katze würde sein Herz brechen, und der Kohlenkasten wäre sein Tod.

Dem Mann, wenn er in Zorn und Wut,
tät wohl ein Eisenkäfig gut,
denn toben wird er nur und reißen
und alles um sich her zerschmeißen.
Lasst uns ihm aus dem Wege gehn,
sobald wir ihn in Flammen sehn.

Indem wir still fortgehen, lasst uns für den Zornigen beten, denn ein Mensch in großer zorniger Erregung ist ein ebenso trauriger Anblick wie das Haus des Nachbarn, das in Flammen steht, während kein Wasser zur Hand ist, das Feuer zu löschen.

Lasst uns dem Mann auf dem davongelaufenen Pferd einen weichen Graben wünschen, in den er fallen möge, und Vernunft genug, nie wieder auf den Rücken dieser Kreatur zu steigen.

Alles ist verloren, was in eine löchrige Schüssel gegossen wird

Die Köchin vergeudet ihre schöne Soße, denn dieselbe läuft fast ebenso schnell heraus wie hinein. Je eher die Frau am Herd der Sache ein Ende macht, desto besser. Hierbei muss ich an manches Predigen denken; es ist vergebliche Arbeit, weil es nicht in der Seele der Hörer bleibt, sondern zu dem einen Ohr ein- und zu dem anderen wieder hinausgeht. Wenn die Leute zum

Markt gehen, sind sie sehr erpicht darauf, einen guten Handel zu machen, aber in der Kirche sind sie nur halb wach und scheinen sich nicht darum zu kümmern, ob sie aus dem, was sie hören, Nutzen ziehen oder nicht. Ich hörte einmal einen Prediger sagen: »Die eine Hälfte von euch schläft, die andere Hälfte ist unaufmerksam und die Übrigen –« Er beendete den Satz nicht, denn die Hörer begannen zu lächeln, und hier und da brach einer in Lachen aus. Gewiss, viele gehen nur zur Kirche, um ihre Augen umherschweifen zu lassen.

Ihr könnt ebenso gut vor den Steinbildern in der alten Kirche predigen wie vor Leuten, die gerade schlafen. Einige Alte kommen zu unserem Gottesdienst, setzen sich in ihrer Ecke zurecht und halten ihr Schläfchen, als säßen sie im Schlafwagen eines Zuges. Doch ist es nicht immer der Fehler der armen Leute, wenn sie in der Kirche schlafen; einige Pastoren mischen ihren Predigten viel Schlafpulver bei. Schäfer Wilm sagt, sie würden die Hörer einschläfern. (Ich glaube, dies ist das rechte Wort, aber ich weiß es nicht ganz genau.) Ich las einen Vers in einem sehr scharfsichtigen Buch, den ich euch mitteilen will:

Des Pfarrers Augen loben alle Frauen,
ich leider kann ihr himmlisch Licht nicht schauen,
denn wenn er betet, schließt er seine,
und wenn er predigt, schließt er meine.

Nun, wenn der Stil des Pfarrers einschläfernd ist, dann werden auch die Hörer bald einschlummern. Und selbst wenn sie wach bleiben, sind viele von ihnen vergesslich. Wenn man versucht, ihnen gute Lehre beizubringen, ist es, als würde man einen Krug Bier zwischen den Stangen eines Bratrosts ausgießen. Wasser auf dem Rücken einer Ente hat doch eine gewisse Wirkung, aber Hunderte von Predigten sind an den Herzen mancher Menschen ebenso sehr verloren, als wenn sie vor einem Rudel Hunde gehalten worden wären. Bei einigen Leuten ist es, als wenn man das Wasser aufwühlt oder in die Luft schlägt. Man kann ebenso gut zu einer Rübe sprechen oder einem toten Esel pfeifen, wie diesen tauben Ohren zu predigen. Ein ganzes Jahr predigen wird nicht eine Stunde Buße hervorbringen, wenn Gottes Gnade nicht dazukommt.

Wir haben eine Vielzahl von Schmarotzern, die meinen, ihre Pflicht gegenüber Gott bestände darin, Predigten anzuhören, und die beste Frucht ihres Hörens sei, von dem zu schwatzen, was sie gehört haben. Welch eine Autorität maßen sie sich an, wenn sie über Lehren streiten! Ihre Religion läuft ganz in Ohr und Zunge hinein: Weder für ihr Herz noch für ihre Hand bringt dies irgendeinen Nutzen mit sich. Dies ist eine armselige Religion, und sie wird nie das Geringste nützen. Die Predigt, die nur bis zum Ohr reicht, ist wie ein Mittagessen, das im Traum gegessen wird.

Was kann es nützen, nur Hörer zu sein? Es entmutigt den armen Prediger und bringt dem Hörer keinen Segen. Eine Rosine anzusehen, macht den Mund nicht süß; einen Rock anzustarren, bedeckt nicht den Rücken; am Ufer zu liegen, heißt nicht, Fische zu fangen. Die gesprungene Schüssel wird nicht besser, wenn auch noch so viel hineingegossen wird: Sie gleicht unserem vergesslichen Herzen; es muss weggenommen werden, bevor an seiner Stelle uns ein neues gegeben werden kann.

Raff alles zusammen, so wirst du alles verlieren

Solange wir noch so viele arme Nachbarn um uns her haben, ist es eine Sünde, unsere Vorräte zu horten. Wenn wir es tun, so werden wir verlieren, denn Ratten fressen Korn, Rost frisst Eisen, und der Fluch Gottes vernichtet den Reichtum. Eine verschlossene Hand wird leicht steif; eine offene Hand trägt als Schmuck den Reif. Nur wer freigebig ist, behauptet das Feld. Es

ist gut, einen Teil hinzugeben, um das Übrige fröhlich zu genießen. Das Innere einer großen Scheune wird leicht heiß, sodass sie schnell in Brand geraten kann. Holt etwas heraus, lasst genügend Luft hinein, und das Übrige wird sicher sein. Was meinst du, freundlicher Leser, willst du nicht ein paar Bündel aus deiner Scheune holen und damit helfen, die Waisenkinder zu speisen?

Ausstreuen schafft Gedeihen

Die Leute wollen es nicht glauben, und doch ist es so gewiss wie das Evangelium, dass Geben zum Wohlergehen führt. John Bunyan sagt:

Es war ein Mann, man hielt ihn für verrückt:
Je mehr er gab, je mehr der Herr ihm schickt.

Er hatte einen alten Spruch als Rückhalt – einen, den schon unsere Vorväter kannten und der goldrichtig ist:

Der liebende Gott zahlt gern die besten Zinsen.

Wenn ein Mensch nicht seine Schulden bezahlen kann, so darf er nicht ans Geben denken, denn er hat nichts Eigenes; es ist Stehlen, anderer Leute Eigentum wegzugeben. Sei gerecht, ehe du großzügig bist! Gib nicht Peter, was Paul gebührt!

Man pflegte zu sagen, dass »Geben« tot und »Wiedergeben« begraben sei, aber ich glaube es nicht, ebenso wenig, wie ich von dem anderen Wort überzeugt bin: »Es gibt nur zwei gute Männer – einer ist tot und der andere noch nicht geboren.« Nein, nein: Es gibt noch manche freigebige Herzen, und Hans Pflüger kennt viele Leute, die nicht rufen: »Geh eine Tür weiter!«, sondern: »Hier ist eine kleine Gabe; wir wünschen, es wäre zehnmal so viel.« Gott hat oft einen bedeutenden Anteil in einem unbedeutenden Haus, und mancher kleine Mann hat ein großes Herz.

Nun werdet ihr meist finden, dass freigebige Leute glückliche Leute sind und mehr als knausrige Leute das genießen, was sie haben. Geizhälse ruhen niemals, bis sie unter die Erde gebracht worden sind. Sie fühlen sich oft so elend, dass sie sich erhängen würden, wenn sie nicht die Kosten eines Strickes scheuten. Großmütige

Seelen werden durch das Glück anderer glücklich gemacht; das Geld, das sie den Armen geben, bereitet ihnen mehr Vergnügen, als was sie sonst ausgeben.

Ich habe vermögende Männer Kupfer geben sehen, und sie haben damit gezeigt, wie sie in allen Dingen gesinnt sind, denn noch immer gilt der Spruch:

Kupfer ist wertlos im Vergleich zu Gold.

Sie hatten ein schlecht gehendes Geschäft, lebten wie Bettler und starben wie Hunde. Ich habe andere gesehen, die für die Armen und für Gottes Sache schaufelweise gaben, und sie haben es schubkarrenweise zurückerhalten. Sie waren gute Haushalter; der große Herr hat ihnen mehr anvertraut, während die Glocken in ihrem Herzen fröhlich läuteten, wenn sie an Witwen dachten, die sie gerühmt haben, und an Waisenkinder, die sie angelächelt haben. Ach, dass es Geschöpfe gibt in Gestalt von Menschen, deren Seelen keinen Nutzen haben als den eines Salzes, das ihre Körper vor Fäulnis schützt! Bitte, lasst uns sie vergessen, denn es macht mich ganz übel, an ihre bösen Wege zu denken. Lasst uns sehen, was wir tun können, um Freude überall um uns her zu verbreiten, so wie die Sonne Licht auf Berg und Tal wirft. Wer Gott sein Herz gibt, wird ihm nicht sein Geld versagen. Er wird Vergnügen am Geben finden, aber er wird nicht wünschen, gesehen zu werden, und auch nicht erwarten, viel Ehre für fünf Pfennig zu bekommen. Er wird sich nach würdigen Empfängern umsehen, denn trägen, betrunkenen Verschwendern etwas zu geben, ist unnütz und böse; ihr könnt ebenso gut einen Ziegelstein mit Zucker bestreuen, um ihn in einen Pudding zu verwandeln.

Ein weiser Mensch geht verständig an die Arbeit; er gibt sein Geld den Armen, sodass er es dem Herrn leiht. Keine bessere Sicherheit gibt es, keine Zinsen, die sicherer sind. Diese Bank ist zu allen Stunden offen. Es ist die beste Sparkasse im ganzen Land. Sie hat ihre Annahmestellen überall dort, wo man sich um diejenigen kümmert, die kein Zuhause haben. Schickt eure Anweisungen an die Verantwortlichen! Es gibt viel Hunger zu stillen und manche Blöße zu bedecken. Erwerbt Aktien in solchen Gesellschaften. Hans Pflüger wünscht, er könnte mehr dafür tun.